Guide De Voyage En Algérie 2024-2025

Explorez l'histoire ancienne, la culture vibrante et les paysages époustouflants de l'Algérie

Robert Brown

Table des matières

Page de droits d'auteur

PRÉFACE

Dans un monde où l'aventure appelle plus fort que le bouton snooze un lundi matin, j'étais là, un véritable explorateur de Californie, le pays des étoiles et des rayures, mettant le pied sur les sables antiques d'Algérie. Armé d'un sac à dos rempli d'enthousiasme et d'un soupçon d'abandon inconsidéré, je me suis lancé dans une escapade d'un mois pour percer les mystères de ce joyau nord-africain.

Mon voyage a commencé à Alger, où l'arôme du pain fraîchement sorti du four se mêlait au parfum des épices émanant des souks animés. Des rues labyrinthiques de la Casbah aux rives ensoleillées de la plage de Sidi Fredj, chaque recoin de la capitale offrait un aperçu de la tapisserie éclectique des cultures algériennes. En déambulant dans les ruelles étroites, je n'ai pu m'empêcher d'être enchanté par les teintes vibrantes des tapis berbères traditionnels et les airs mélodieux des musiciens de rue chantant la sérénade des passants.

Mais ma soif d'aventure ne connaissait pas de limites et je me suis vite retrouvé à m'aventurer au-delà des limites de la ville, dans la vaste étendue du désert du Sahara. N'ayant rien d'autre qu'un chameau nommé Clyde et un sentiment de confiance malavisé, je me suis lancé dans une expédition au cœur des dunes. Alors que le soleil plongeait sous l'horizon, peignant le ciel dans des tons d'orange et de rose, je ne pouvais m'empêcher de m'émerveiller devant la beauté de la toile de la nature qui se déroulait sous mes yeux.

Bien sûr, aucun voyage en Algérie ne serait complet sans goûter aux spécialités locales, et laissez-moi vous dire que la scène culinaire n'a pas déçu. Des plats de couscous salés aux pâtisseries sucrées dégoulinantes de miel, chaque repas était une symphonie de saveurs qui laissait mes papilles implorer un rappel. Et n'oublions pas la tristement célèbre cérémonie du thé algérienne, où j'ai vite appris que la clé pour maîtriser l'art de verser le thé réside dans un équilibre délicat entre précision et panache.

Mais au milieu des vues impressionnantes et des repas appétissants, ce sont les moments d'hilarité inattendus qui ont vraiment rendu mon voyage inoubliable. Comme la fois où j'ai tenté de marchander avec un commerçant en utilisant une combinaison de français approximatif et de gestes de main exagérés, pour finir par acheter par accident un tapis de la taille d'un petit pays. Ou la soirée passée perdu dans les ruelles labyrinthiques de la Casbah, guidé uniquement par la lumière d'un smartphone et les rires de nouveaux amis.

Alors que mon séjour en Algérie touchait à sa fin, je n'ai pu m'empêcher de ressentir une pointe de tristesse à l'idée de quitter ce pays enchanteur derrière moi. Mais en montant à bord de l'avion pour rentrer aux États-Unis, je savais que ce ne serait pas ma dernière rencontre avec l'Algérie. Car sous son extérieur accidenté se cache un pays débordant de chaleur, d'hospitalité et d'un sens de l'aventure qui m'invite à revenir encore et encore.

Alors voici l'Algérie, une terre de possibilités infinies et d'expériences inoubliables. Que nos chemins se croisent bientôt et que les aventures ne cessent jamais. A la prochaine fois, l'Algérie.

Chapitre 1

INTRODUCTION À L'ALGÉRIE

Je veux que tu saches que jeans une terre où l'histoire murmure des secrets dans chaque ruine en ruine, où la terre elle-même raconte des siècles passés, se trouve l'Algérie, un pays aussi énigmatique que captivant. Des anciennes ruines romaines disséminées dans le paysage aux villages berbères nichés dans les montagnes de l'Atlas, l'Algérie est un trésor de merveilles historiques qui attendent d'être explorées. Alors que le soleil se lève sur les montagnes de l'Atlas, projetant une lueur dorée sur le terrain accidenté en contrebas, on ne peut s'empêcher de ressentir un sentiment d'admiration devant la riche tapisserie d'histoire, de géographie et de culture qui rend l'Algérie vraiment unique. Chaque lever de soleil illumine non seulement le paysage physique, mais également les innombrables histoires gravées dans le tissu même du pays, invitant les voyageurs à se lancer dans un voyage à travers le temps et l'espace.

Alors que le soleil se couche à l'horizon, peignant le ciel dans des tons d'orange et de rose, le charme de l'Algérie ne fait que s'approfondir, révélant les profondeurs cachées de son charme énigmatique. Des souks animés d'Alger aux rives tranquilles de la Méditerranée, l'Algérie offre une richesse d'expériences aux voyageurs en quête d'aventure, d'illumination ou simplement d'un moment de répit loin du chaos du monde. Qu'il s'agisse d'une randonnée à travers la beauté sauvage des montagnes de l'Atlas, d'une exploration des ruines antiques de Timgad et Djemila ou d'une immersion dans la culture vibrante du peuple berbère, l'Algérie captive l'imagination à chaque instant. Alors venez, cher voyageur, et laissez l'Algérie vous envoûter, car dans ce pays où l'histoire murmure des secrets et où la terre elle-même raconte des siècles passés, il y a de la magie à chaque coin de rue.

Aperçu de l'histoire de l'Algérie

Venez, voyageons à travers les couloirs du temps, où les échos des civilisations anciennes se répercutent encore dans les déserts balayés par les vents et les montagnes escarpées d'Algérie. En remontant dans les annales de l'histoire, nous nous retrouvons au milieu de la civilisation florissante des tribus berbères, qui parcouraient les terrains accidentés de l'Afrique du Nord il y a des milliers d'années. Ces peuples nomades, avec leurs riches traditions orales et leur profond lien spirituel avec la terre, ont jeté les bases sur lesquelles l'histoire de l'Algérie allait se dérouler.

Mais c'est l'arrivée des Phéniciens au 1er millénaire avant notre ère qui a véritablement ouvert la voie au récit historique de l'Algérie. Établissant des postes de traite le long de la côte, ces marins intrépides ont apporté avec eux les graines de la civilisation, semant les graines du commerce et de la culture qui fleuriraient sur le sol fertile de l'Afrique du Nord. L'ancienne ville de Carthage, située dans l'actuelle Tunisie mais exerçant une influence sur une grande partie de la région du Maghreb, est devenue un phare de la civilisation dans le monde antique, son influence se faisant sentir partout à travers la Méditerranée.

Au fil des siècles, l'Algérie est devenue un carrefour de civilisations, un creuset où se mélangent et fusionnent les cultures de la Méditerranée et du Maghreb. L'Empire romain, avec son appétit insatiable de conquête, a balayé l'Afrique du Nord au IIe siècle avant notre ère, apportant avec lui les bénédictions de la civilisation et la malédiction de l'assujettissement. Des villes magnifiques comme Timgad et Djemila sont sorties des sables du désert, leur grandeur témoignant de la puissance des ambitions impériales de Rome.

Mais ce n'est qu'avec l'arrivée de l'Islam au 7ème siècle de notre ère que l'Algérie s'est véritablement imposée en tant que puissance culturelle et religieuse. Avec la propagation de l'Islam s'est produit un épanouissement de l'art, de l'architecture et de l'érudition qui a transformé l'Algérie en un centre d'apprentissage et de culture. Les mosquées d'Alger, avec leurs carrelages complexes et leurs minarets vertigineux, sont devenues des symboles de l'héritage islamique du pays, tandis que les madrasas et les universités qui parsemaient le paysage sont devenues des centres d'échange intellectuel et d'innovation.

Pourtant, malgré toute sa diversité culturelle et religieuse, l'histoire de l'Algérie est également marquée par des périodes de lutte et de résistance contre la domination étrangère. L'ère coloniale française, qui a commencé au 19ème siècle et a duré jusqu'au 20ème, a été un chapitre sombre de l'histoire de l'Algérie, marqué par l'exploitation, l'oppression et le déni des droits et libertés fondamentaux. Mais le peuple algérien, avec son esprit indomptable et sa détermination inébranlable, a refusé de se laisser réduire au silence, se soulevant au mépris de ses oppresseurs dans une lutte pour l'indépendance qui allait capter l'attention du monde.

La guerre d'indépendance algérienne, qui a fait rage de 1954 à 1962, a été un moment déterminant dans l'histoire du pays, un témoignage du courage et de la résilience de son peuple face à des obstacles apparemment insurmontables. Contre toute attente, face à la puissance coloniale qui semblait invincible, l'Algérie est sortie victorieuse, son indépendance conquise dans le sang, la sueur et les larmes. Mais les cicatrices de cette période mouvementée persistent encore, gravées dans l'âme même du pays, rappelant les sacrifices consentis par ceux qui ont osé rêver d'un avenir meilleur.

Climat et géographie

Au cœur de l'Afrique du Nord se trouve une terre d'une beauté stupéfiante et d'une diversité sans précédent : l'Algérie. Imaginez une toile peinte dans des tons d'azur et d'or, où d'imposantes montagnes gardent de vastes déserts et où les murmures des civilisations anciennes résonnent à travers les dunes balayées par le vent. Nous sommes ici en Algérie, un pays qui défie la logique et la raison, où les forces de la nature règnent en maître et où chaque recoin raconte une histoire de résilience et d'émerveillement.

À la pointe nord de cette terre enchanteresse, le littoral accidenté de la mer Méditerranée s'étend sur plus de 1 600 kilomètres, offrant un aperçu alléchant du charme maritime de l'Algérie. Imaginez-vous debout au sommet des falaises du Cap Carbon, où la brise marine fraîche effleure votre peau et où le bruit des vagues déferlantes remplit l'air. En contrebas, des criques cachées et des plages de sable attirent les voyageurs fatigués avec la promesse de journées ensoleillées et de détente bienheureuse. De la ville portuaire animée d'Oran à la ville historique de Tipaza, où d'anciennes ruines romaines surplombent les eaux scintillantes, la côte méditerranéenne est un terrain de jeu pour ceux qui recherchent le soleil, le sable et la mer.

Mais aventurez-vous au-delà des plaines côtières et vous découvrirez un monde d'une beauté sauvage et de merveilles naturelles qui semblent défier les lois mêmes de la nature. Au sud, le désert du Sahara s'étend à perte de vue, ses dunes balayées par les vents et sculptées par des siècles de force incessante. Ici, au milieu des sables mouvants et des horizons sans limites, se trouve un paysage à la fois d'une beauté à couper le souffle et d'une étendue insondable. Imaginez-vous au sommet d'un chameau, traversant les dunes au coucher du soleil, alors que le ciel éclate dans une explosion de couleurs qui peignent le désert dans des tons d'orange et de rose. C'est la magie du Sahara, où le temps semble s'être arrêté et où les murmures des civilisations anciennes persistent dans l'air.

Mais ce n'est pas seulement la beauté austère du désert qui captive l'imagination ; ce sont aussi les oasis vibrantes qui parsèment son paysage aride, comme des joyaux précieux éparpillés sur le sable. Imaginez tomber sur une oasis après des jours de randonnée à travers le désert, où des palmiers luxuriants se balancent doucement dans la brise et des sources cristallines jaillissent de la terre. Ici, au milieu de la verdure et des eaux rafraîchissantes, les voyageurs fatigués trouvent réconfort et ressourcement, un sanctuaire au milieu de la dureté du désert.

Et puis il y a les montagnes de l'Atlas, sentinelles silencieuses contre le passage du temps, leurs sommets enneigés perçant le ciel comme des dents dentelées. Imaginez-vous debout au sommet du Jebel Toubkal, le plus haut sommet d'Afrique du Nord, alors que l'air pur de la montagne remplit vos poumons et que les vues panoramiques s'étendent devant vous dans toutes les directions. En contrebas, les vallées verdoyantes et les plaines fertiles cèdent la place aux bourgs animés et aux villages berbères traditionnels, où les rythmes de la vie quotidienne battent en harmonie avec la terre.

Mais peut-être que ce qui rend l'Algérie vraiment unique n'est pas seulement son paysage physique, mais aussi son climat en constante évolution qui ajoute au charme du pays. De la chaleur torride du désert aux brises marines rafraîchissantes qui caressent le littoral, le climat algérien est aussi varié que les couleurs d'un coucher de soleil dans le désert. Imaginez-vous vous réveiller avec la douce chaleur du soleil sur votre visage en sirotant un thé à la menthe fraîchement infusé dans un camp traditionnel du désert, ou sentir la brise marine fraîche sur votre peau en vous promenant le long de la promenade d'Alger. Que vous recherchiez le frisson de l'aventure ou la tranquillité d'une retraite en bord de mer, l'Algérie offre quelque chose à chacun, le tout sous le regard attentif des montagnes de l'Atlas qui se dressent comme des sentinelles silencieuses contre le passage du temps.

Diversité culturelle : dévoiler le creuset d'influences de l'Algérie

Fermez les yeux et laissez vos sens s'éveiller alors que nous plongeons dans la riche tapisserie du patrimoine culturel algérien. Imaginez-vous errant dans les rues animées d'Alger, où l'air est rempli d'arômes alléchants d'épices et où le son de la musique berbère traditionnelle flotte dans la brise. L'Algérie est une terre de contrastes, où les traditions anciennes se mélangent harmonieusement aux influences modernes pour créer une mosaïque culturelle pas comme les autres.

Au cœur de la tapisserie culturelle algérienne se trouve l'héritage de ses tribus berbères autochtones. Depuis des milliers d'années, ce peuple résilient habite les paysages accidentés de l'Afrique du Nord, préservant ses traditions et ses coutumes au fil des générations. Des couleurs vibrantes de leurs vêtements traditionnels aux rythmes rythmés de leur musique, la culture berbère est un fil vibrant tissé dans le tissu de la société algérienne.

Mais l'identité culturelle de l'Algérie ne se limite pas à ses seules racines berbères. Avec l'arrivée des conquérants arabes au VIIe siècle, l'Islam s'est introduit dans la région, laissant une marque indélébile sur son paysage culturel. Aujourd'hui, l'appel à la prière résonne dans les ruelles étroites des villes algériennes, tandis que les majestueuses mosquées témoignent de l'héritage islamique du pays. Pourtant, c'est la synthèse des traditions arabes et berbères qui distingue véritablement la culture algérienne, créant un mélange unique de coutumes et de pratiques qui reflètent la diversité de l'histoire du pays.

Et n'oublions pas l'héritage colonial français qui continue de façonner l'identité moderne de l'Algérie. Des cafés animés d'Alger aux boulevards bordés d'arbres d'Oran, l'influence française est ancrée dans le tissu même de la société algérienne. La langue française reste largement parlée, aux côtés des dialectes arabes et berbères, tandis que la cuisine française a marqué de son empreinte les traditions culinaires algériennes. Mais au milieu de cette fusion de cultures, il existe un fil conducteur qui unit le peuple algérien : un profond sentiment de fierté pour son héritage et une hospitalité chaleureuse qui accueille les visiteurs à bras ouverts.

Chapitre 2

PLANIFIER VOTRE VOYAGE

Le plaisir de planifier un voyage – c'est comme diriger un grand orchestre où chaque note, chaque détail contribue à une symphonie d'excitation, d'anticipation et juste un soupçon d'anxiété. À partir du moment où l'envie de voyager est plantée dans votre esprit jusqu'à la ruée exaltante de réservation de vols et d'hébergement, le voyage commence bien avant même que vous ayez mis le pied sur un sol étranger. Mais n'ayez crainte, ami voyageur, car au milieu du chaos de la logistique du voyage se cache la promesse de l'aventure, et je suis là pour vous guider à travers le labyrinthe avec la finesse d'un explorateur chevronné. Avec une planification méticuleuse et une touche de spontanéité, nous naviguerons dans le labyrinthe des exigences de visa, découvrirons des joyaux cachés de recommandations de destinations et élaborerons un itinéraire qui promet d'allumer les flammes de l'envie de voyager dans votre âme.

Alors, prenez votre carte et votre sens de l'émerveillement, car le monde vous attend à bras ouverts et avec des possibilités illimitées. Des rues pavées des villages européens pittoresques aux déserts tentaculaires des continents lointains, la toile de l'aventure s'étend à l'infini devant nous. Et alors que nous embarquons ensemble dans ce voyage, rappelez-vous que le frisson de l'inconnu n'est qu'à un battement de cœur – une symphonie d'excitation, d'anticipation et juste un soupçon d'anxiété, attendant de se dévoiler à chaque pas que nous faisons vers notre prochaine grande aventure.

Exigences de visa et documents de voyage

L'aventure exaltante vous invite, remuant l'âme avec des promesses de paysages exotiques, d'immersion culturelle et d'expériences inoubliables. Alors que vous vous tenez au seuil de votre escapade en Algérie, envisageant les sensations fortes qui vous attendent, une étape essentielle requiert votre attention : naviguer dans le labyrinthe des exigences de visa et des documents de voyage.

Je veux que tu imagines et jeImaginez-vous debout dans votre chambre, entouré par le chaos des bagages, l'excitation bouillonnant dans vos veines comme une bouteille de champagne secouée. Votre passeport est ouvert sur le lit, ses pages en toile vierge attendent d'être ornées de timbres de pays lointains. Mais avant de pouvoir vous lancer dans votre voyage, une question lancinante se pose : qu'en est-il des visas ?

Les exigences de visa pour l'Algérie sont aussi diverses et variées que la tapisserie de cultures qui ornent ses paysages. En fonction de votre pays d'origine, vous pourriez vous retrouver à naviguer dans un labyrinthe d'obstacles bureaucratiques ou à franchir le processus avec facilité. Mais n'ayez crainte, voyageur intrépide, car la connaissance est votre plus grande alliée dans cette quête. Armé d'informations glanées sur les sites Web des ambassades, les forums de voyage et les témoignages de première main, vous naviguerez dans le labyrinthe avec la finesse d'un explorateur chevronné.

Mais les visas ne sont que la pointe de l'iceberg en matière de documents de voyage. Dans la vaste étendue de l'inconnu, la préparation est primordiale – et c'est là que l'assurance voyage entre en jeu. Imaginez-vous perché au sommet d'un chameau, en train de parcourir les dunes du Sahara, le soleil tapant sur votre dos comme un tambour implacable. Dans des moments comme ceux-ci, la tranquillité d'esprit offerte par l'assurance voyage vaut son pesant d'or, offrant une protection contre les imprévus qui peuvent faire dérailler même les voyages les plus méticuleusement planifiés.

Et n'oublions pas l'importance des photocopies et des sauvegardes – les héros méconnus de la documentation de voyage. Alors que vous vous lancez dans votre quête d'aventures algériennes, armé de rien d'autre qu'un sac à dos et d'une envie de voyager, la valeur de la redondance ne peut être surestimée. Des photocopies de votre passeport cachées dans un compartiment caché aux sauvegardes numériques stockées en toute sécurité dans le cloud, ces simples précautions peuvent faire la différence entre un inconvénient mineur et un véritable cauchemar de voyage.

Meilleur moment pour visiter l'Algérie

Dans ce pays où les sables dorés du Sahara rencontrent les eaux azurées de la Méditerranée, l'Algérie attend à bras ouverts, prête à enchanter les voyageurs avec ses paysages diversifiés et sa culture vibrante. Mais au milieu du charme des ruines antiques et des souks animés se pose l'éternelle question : quelle est la meilleure période pour visiter l'Algérie ?

Pour ceux qui cherchent un refuge contre la chaleur étouffante de l'été algérien, les mois de septembre à novembre apparaissent comme un sanctuaire de bonheur tempéré. Alors que le soleil brûlant lâche progressivement son emprise sur la terre, une douce brise murmure dans les rues labyrinthiques d'Alger, invitant les voyageurs à explorer ses trésors cachés. La métropole animée s'anime au son des rires et des bavardages alors que les habitants et les visiteurs se promènent dans les marchés animés, dégustant des épices parfumées et des textiles colorés. Pendant ce temps, des ruines antiques nous attirent au loin, leurs pierres patinées se prélassant dans la douce lueur du soleil d'automne. Parmi eux, Timgad est un témoignage de la riche histoire de l'Algérie, ses colonnes et ses arcs en ruine faisant écho aux murmures d'empires passés. Et pour ceux qui ont soif d'aventure, la vaste étendue du désert du Sahara les attend, ses dunes scintillant de teintes dorées sous le ciel étoilé. Ici, au milieu du silence tranquille du désert, les voyageurs peuvent embarquer pour un safari unique, guidés par le doux balancement des caravanes de chameaux et la sagesse des guides bédouins.

Mais alors que les feuilles d'automne fanent et que le froid de l'hiver s'abat sur la terre, un nouveau chapitre d'aventure s'ouvre en Algérie. De décembre à février, les sommets enneigés attirent les aventuriers intrépides, offrant un terrain de jeu aux amateurs de ski, de snowboard et autres sports d'hiver. Sur le terrain accidenté des montagnes de l'Atlas, les amateurs de sensations fortes sillonnent la poudreuse immaculée, leurs rires se mêlant à l'air pur de la montagne. Et au milieu des sommets enneigés, l'ancienne Casbah d'Alger prend un charme de conte de fées, ses ruelles sinueuses saupoudrées de neige. Ici, sous le regard attentif des minarets centenaires, les voyageurs peuvent s'immerger dans le rythme intemporel de la vie quotidienne, en savourant des tasses de thé à la menthe fumantes et de copieux bols de couscous au coin du feu crépitant.

Pourtant, au-delà de l'attrait des merveilles naturelles et des aventures hivernales, le calendrier algérien est rythmé par une tapisserie vibrante de festivals et de célébrations tout au long de l'année. Des joyeuses festivités de l'Aïd al-Fitr, marquant la fin du Ramadan, aux rythmes électrisants du Festival international Rai, on ne s'ennuie jamais en Algérie, quelle que soit la saison. Chaque célébration offre une fenêtre sur la riche tapisserie de la culture algérienne, invitant les voyageurs à se joindre aux festivités et à forger des liens qui transcendent les frontières.

Budgétisation et change

TLe dilemme séculaire de la budgétisation est comme marcher sur une corde raide entre indulgence et prudence, avec le spectre toujours imminent de la responsabilité financière qui menace de pleuvoir sur votre défilé de rêves alimentés par l'envie de voyager.

Mais ne vous inquiétez pas, compagnon de voyage, car je suis ici pour vous transmettre la sagesse de budgétiser comme un explorateur chevronné dans le pays enchanteur du couscous et des promenades à dos de chameau.

Parlons avant tout de monnaie. Le dinar algérien – une monnaie qui n'a peut-être pas la même renommée internationale que l'euro ou le dollar, mais qui possède son propre charme et son pouvoir d'achat dans le royaume des aventures nord-africaines. En échangeant votre monnaie nationale contre une poignée de billets colorés ornés de portraits de personnages et de monuments historiques, vous ressentirez un sentiment d'anticipation teinté d'excitation – la première étape tangible vers une immersion dans la tapisserie vibrante de la culture algérienne.

Mais la monnaie n'est que la pointe de l'iceberg lorsqu'il s'agit de budgétiser en Algérie. Des rues labyrinthiques d'Alger aux plages ensoleillées d'Oran, ce pays offre une richesse d'expériences pour tous les types de voyageurs, du routard soucieux de son budget au globe-trotter amateur de luxe. Imaginez-vous en train de vous promener dans les souks animés de la Casbah, de marchander avec les vendeurs le prix de trésors artisanaux ou de savourer les saveurs de la cuisine algérienne traditionnelle dans un stand de nourriture de rue local, le tout sans vous ruiner. Et en matière d'hébergement, les options abondent, depuis les maisons d'hôtes abordables et les chambres d'hôtes confortables jusqu'aux complexes hôteliers opulents et aux hôtels de charme nichés au milieu des dunes du Sahara. Alors n'hésitez plus, trouvez l'équilibre parfait entre faire des folies et économiser – après tout, les meilleures aventures sont celles qui laissent votre cœur plein et votre portefeuille (relativement) intact.

Bien entendu, aucune discussion sur la budgétisation en Algérie ne serait complète sans s'intéresser à l'art du change – une danse vieille comme le monde, où le rythme de la négociation donne le ton à chaque transaction. Bien que les distributeurs automatiques soient facilement disponibles dans les grandes villes comme Alger, il est toujours sage d'avoir sur soi une réserve d'argent liquide pour ces aventures hors des sentiers battus. Vous ne savez jamais quand vous pourriez tomber sur un joyau caché qui n'accepte que des dinars froids et durs. . Et lorsqu'il s'agit de négociation, n'oubliez pas qu'il ne s'agit pas seulement d'une compétence : c'est une forme d'art, un équilibre délicat entre charme, esprit et calcul calculé. Alors enfilez votre chapeau de négociateur, canalisez votre marchandage intérieur et préparez-vous à conclure des accords comme un amateur de souk chevronné : vous serez surpris de voir jusqu'où un sourire amical et quelques compliments bien placés peuvent vous mener.

Chapitre 3

SE RENDRE EN ALGÉRIE

Arriver en Algérie est un voyage exaltant qui commence par le frisson de l'anticipation et la promesse de l'aventure. Qu'ils arrivent par voie aérienne, terrestre ou maritime, les voyageurs disposent d'une myriade d'options pour se lancer dans leur odyssée algérienne. Pour ceux qui prennent leur envol, les terminaux modernes des aéroports internationaux comme l'aéroport Houari Boumediene d'Alger offrent la promesse de voyages fluides et d'explorations sans limites. De là, une multitude de compagnies aériennes emmènent les passagers vers les villes animées, les ruines antiques et les paysages à couper le souffle de l'Algérie, offrant une vue plongeante sur la riche tapisserie culturelle et historique du pays.

Pour les âmes intrépides qui préfèrent les routes moins fréquentées, les points d'entrée terrestres et maritimes offrent une porte d'entrée à l'aventure pas comme les autres. Qu'il s'agisse d'arriver en train depuis l'Europe, de traverser les frontières terrestres des pays voisins ou de tracer un parcours à travers la Méditerranée par la mer, chaque point d'entrée offre aux voyageurs la possibilité de s'immerger dans la diversité des paysages et des cultures qui définissent l'Algérie. Et au fur et à mesure que le voyage se déroule, des postes frontaliers animés aux ports tranquilles et avant-postes isolés, la promesse de découverte flotte dans l'air comme le doux parfum des fleurs du désert, invitant les voyageurs à se lancer dans un voyage inoubliable au cœur et à l'âme de l'Algérie.

Aéroports internationaux et compagnies aériennes

L'anticipation de l'aventure remplit l'air lorsque les voyageurs entrent dans les terminaux animés de l'aéroport Houari Boumediene, la principale porte d'entrée vers les paysages enchanteurs et la culture vibrante de l'Algérie. Situé à la périphérie de la capitale, Alger, ce hub moderne vibre d'énergie, servant de lien animé où les rêves prennent leur envol. Alors que les passagers se faufilent dans les terminaux élégants, ornés d'imposantes parois de verre et de poutres en acier étincelantes, un sentiment d'excitation imprègne l'air, chaque pas les rapprochant de l'aventure qui les attend au-delà.

Avec une multitude de compagnies aériennes sillonnant le ciel, les possibilités sont aussi infinies que le Sahara lui-même. Des géants mondiaux comme Air France et

Lufthansa aux transporteurs régionaux comme Air Algérie, les voyageurs n'ont que l'embarras du choix lorsqu'il s'agit de choisir les ailes de leur choix. Qu'il s'agisse de l'attrait d'un vol direct au départ de Paris ou d'une escale panoramique à Istanbul, chaque compagnie aérienne offre une fenêtre unique sur le monde, une chance de survoler les nuages et d'apercevoir la beauté qui se cache en dessous.

Mais Alger n'est que le début du voyage, car les vastes étendues de l'Algérie invitent les voyageurs à explorer chaque recoin de son relief accidenté. Pour ceux qui ont soif d'aventure, l'aéroport de Tamanrasset offre une porte d'entrée alléchante vers la nature sauvage du désert du Sahara. Alors que les avions survolent les dunes sans fin, les voyageurs sont accueillis avec un panorama d'une beauté à couper le souffle, une mer de sable doré s'étendant à perte de vue. Ici, au milieu de la solitude du désert, un sentiment d'émerveillement envahit les visiteurs, rappelant l'attrait intemporel de la majesté de la nature.

Pourtant, pour ceux qui sont attirés par le chant des sirènes de la mer, l'aéroport d'Oran Es Senia se présente comme un phare d'aventure maritime. Perché sur les rives de la mer Méditerranée, ce joyau côtier offre aux voyageurs la possibilité de tracer une route vers les provinces de l'ouest de l'Algérie, où les ports anciens et les plages tranquilles promettent un bonheur ensoleillé. Des rues animées d'Oran aux villages de pêcheurs endormis de Mostaganem, la côte ouest de l'Algérie offre un aperçu d'un monde où le temps semble s'être arrêté, un lieu où les traditions anciennes et la vie moderne convergent dans une symphonie de culture et d'histoire.

Points d'entrée terrestres et maritimes

Dans la vaste étendue de l'Afrique du Nord, où le soleil projette ses rayons dorés sur des étendues infinies de désert et où les ruines antiques murmurent des histoires de civilisations disparues depuis longtemps, se trouve une terre d'une beauté et d'une intrigue sans précédent : l'Algérie. Pour le voyageur intrépide, le voyage vers ce pays captivant commence bien avant de poser le pied sur son sol, le choix du point d'entrée servant de porte d'entrée vers un monde de merveilles à explorer.

Pour ceux qui répondent à l'appel de la route, les frontières terrestres de l'Algérie invitent à la promesse d'aventure et de découverte. Des postes frontaliers animés de la Tunisie voisine aux avant-postes isolés du désert du Sahara, chaque point d'entrée offre un aperçu de la tapisserie vibrante de cultures qui habitent l'Afrique du Nord. Alors que les voyageurs parcourent le réseau d'autoroutes et de routes qui sillonnent le continent, ils découvrent des vues à couper le souffle de dunes vallonnées, de montagnes escarpées et d'oasis tentaculaires, toutes plus impressionnantes les unes que les autres. Et au milieu de l'agitation des villes et villages frontaliers, un sentiment de camaraderie prévaut, alors que les habitants et les voyageurs se réunissent pour partager des histoires, échanger des marchandises et se délecter du rythme intemporel de la vie aux portes du désert.

Mais pour ceux dont le cœur est tourné vers l'aventure nautique, les points d'entrée maritimes de l'Algérie offrent un autre type d'attrait. Des ports animés d'Europe aux ports tranquilles de la Méditerranée, ces portes maritimes offrent aux voyageurs la possibilité de tracer leur route vers l'aventure à bord d'une myriade de navires, des imposants navires de croisière aux modestes bateaux de pêche. Alors que le doux clapotis des vagues contre la coque d'un navire berce les passagers dans un état de tranquillité, l'horizon s'étend devant eux comme une toile vierge, attendant d'être peinte avec les couleurs vibrantes d'un nouveau jour. Et lorsque le littoral algérien apparaît, ses falaises escarpées et ses plages de sable servent de phare bienvenu, guidant les voyageurs vers des rivages regorgeant d'histoire, de culture et de beauté naturelle.

Pourtant, pour ceux qui recherchent un mode de transport plus romantique, il n'y a peut-être pas de voyage plus enchanteur que celui entrepris en train. Suivant les traces des anciens voyageurs le long des traces historiques de la Route de la Soie de Fer, les passagers sont transportés à travers le temps et l'espace, depuis les gares animées d'Europe jusqu'aux avant-postes reculés du Sahara. Alors que le rythme rythmique de la locomotive remplit l'air, les voyageurs sont placés aux premières loges pour admirer les paysages en constante évolution qui définissent la riche tapisserie algérienne. Des vallées verdoyantes et des plaines fertiles aux montagnes escarpées et aux déserts brûlés par le soleil, chaque kilomètre parcouru offre une nouvelle perspective sur la beauté naturelle et la diversité culturelle qui regorgent dans ce pays captivant.

Transport en Algérie

Dans la vaste étendue de l'Algérie, où les montagnes escarpées rencontrent les vastes déserts et où les villes animées cèdent la place à des oasis tranquilles, le voyage d'exploration commence dès l'instant où l'on pose le pied sur le sol algérien. Et pour le voyageur intrépide désireux de parcourir ce joyau d'Afrique du Nord, une multitude d'options de transport l'attend, chacune promettant une aventure unique et inoubliable.

Imaginez ceci : vous venez d'arriver à Alger, la capitale animée, pleine d'énergie et d'histoire. Lorsque vous sortez de l'aéroport, le soleil embrasse votre peau et l'air bourdonne d'excitation d'un nouveau départ. Mais comment allez-vous explorer cette métropole animée et les merveilles qui se cachent au-delà ? N'ayez crainte, car le réseau de transport algérien a ce qu'il vous faut.

Pour ceux qui recherchent la liberté de tracer leur propre voie, les voitures de location sont prêtes à vous emmener dans une odyssée algérienne pas comme les autres. Imaginez-vous au volant d'une berline élégante ou d'un 4x4 robuste, la route ouverte s'étendant devant vous comme une toile vierge attendant d'être peinte aux couleurs de l'aventure. Qu'il s'agisse de naviguer dans les rues animées d'Alger ou de s'aventurer hors des sentiers battus dans les terrains accidentés du Sahara, une voiture de location offre la liberté d'explorer l'Algérie à votre rythme, en vous arrêtant pour savourer les images et les sons de cette terre captivante en cours de route.

Mais c'est peut-être l'attrait des transports en commun qui vous attire, le plaisir de côtoyer les habitants et les autres voyageurs lors de votre voyage à travers le pays en bus ou en train. Imaginez-vous monter à bord d'un train moderne et élégant et regarder le paysage se dérouler sous vos yeux, des sommets escarpés des montagnes de l'Atlas aux rives ensoleillées de la mer Méditerranée. Ou imaginez-vous monter à bord d'un minibus coloré, dont l'extérieur vibrant reflète l'atmosphère animée de l'intérieur, alors que vous vous frayez un chemin dans les rues animées d'Alger ou dans les villages pittoresques qui parsèment la campagne. Avec un vaste réseau de bus et de trains sillonnant le pays, le système de transports publics algérien offre un moyen pratique et abordable d'explorer les innombrables plaisirs du pays, que vous embarquiez pour une excursion d'une journée dans une ville voisine ou que vous vous lanciez dans une aventure à travers le pays. .

Et n'oublions pas le modeste taxi, héros méconnu du monde des transports en Algérie. Des métropoles animées aux villages reculés qui parsèment la campagne, les taxis sont omniprésents, leurs chauffeurs étant prêts à transporter les passagers vers leur destination avec le sourire et une bonne dose de sagesse locale. Que vous marchandiez les tarifs dans les rues animées d'Alger ou que vous embarquiez pour une route panoramique à travers la campagne, un trajet en taxi en Algérie est bien plus qu'un simple moyen de transport : c'est l'occasion d'entrer en contact avec les habitants, de découvrir la culture, et découvrez des joyaux cachés hors des sentiers battus.

Chapitre 4

EXPLORER ALGER : LA CAPITALE

Alger, le pouls dynamique de l'Algérie, vibre avec un kaléidoscope d'expériences à découvrir. Chaque pas dans ses rues animées est une plongée dans un tourbillon culturel, où les échos des siècles passés s'harmonisent au rythme de la modernité. La riche tapisserie de la ville tisse une symphonie d'histoire, de la majestueuse Kasbah et de la légendaire Casbah aux vues panoramiques depuis les hauteurs de Notre Dame d'Afrique. Alors que le soleil projette sa teinte dorée sur les ruelles labyrinthiques et les places animées, Alger invite les voyageurs à s'immerger dans son énergie vibrante et à découvrir les secrets qui se cachent dans ses anciens murs.

Mais ce n'est pas seulement l'histoire qui captive à Alger ; c'est une fusion alléchante de saveurs et d'arômes qui enflamme les sens et transporte le palais dans une odyssée culinaire. De la dégustation d'un café algérien traditionnel au lever du soleil à la dégustation de succulents tajines d'agneau sous les étoiles, chaque repas est une célébration du riche patrimoine culinaire de la ville. Et à la tombée de la nuit, les marchés d'Alger s'animent avec les couleurs vibrantes et les parfums enivrants des épices, des textiles et de la cuisine de rue, invitant les visiteurs à se perdre dans le rythme rythmé de la vie quotidienne. À Alger, chaque instant est une aventure à découvrir, un voyage sensoriel qui laisse une empreinte indélébile dans l'âme du voyageur intrépide.

Sites et monuments historiques

Alors que le soleil se lève sur Alger, projetant sa chaude lueur sur les rues labyrinthiques, on ne peut s'empêcher de sentir le poids de l'histoire flotter dans l'air comme un parfum persistant. C'est au sein de cette métropole animée que l'on embarque pour un voyage dans le temps, en suivant les traces des civilisations anciennes et en perçant les mystères d'une époque révolue. Au cœur de cette odyssée historique se trouve la légendaire Casbah, site classé au patrimoine mondial de l'UNESCO, qui témoigne de la résilience et de l'ingéniosité du peuple algérien.

À chaque pas dans les ruelles sinueuses de la Casbah, on est transporté au XVIIe siècle, où les échos des siècles passés se répercutent à travers ses anciens murs. Ici, au milieu des passages labyrinthiques et des minarets imposants, l'histoire prend vie avec des détails saisissants, chaque recoin révélant une nouvelle histoire de conquête et de triomphe. Des vestiges de la domination ottomane aux cicatrices du colonialisme français, la Casbah témoigne du flux et du reflux des empires, chacun laissant sa marque indélébile sur le paysage urbain.

En montant au sommet de la Casbah, un panorama époustouflant se dévoile sous leurs yeux, offrant un aperçu de l'âme d'Alger. En contrebas, la ville s'étend dans toute sa splendeur chaotique, une tapisserie vibrante de couleurs et de cultures qui s'étend à perte de vue. Des anciennes mosquées aux bazars animés en passant par les gratte-ciel modernes et élégants qui parsèment l'horizon, Alger est une ville qui porte son histoire comme un insigne d'honneur, invitant les voyageurs à plonger plus profondément dans son passé.

Mais la Casbah n'est que le début du voyage historique d'Alger, car au-delà de ses rues labyrinthiques se cache un trésor de monuments à découvrir. Aventurez-vous plus loin dans la ville et vous tomberez sur l'imposante Kasbah d'Alger, une forteresse qui servait autrefois de siège du pouvoir aux dirigeants ottomans. Ses murs imposants et ses portes majestueuses se dressent comme des sentinelles silencieuses d'une époque révolue, offrant un aperçu du passé tumultueux de la ville.

Et puis il y a Notre Dame d'Afrique, une basilique majestueuse perchée au sommet des falaises surplombant la mer Méditerranée. Son architecture néo-byzantine saisissante et ses vues à couper le souffle en font une destination incontournable pour les passionnés d'histoire et les touristes, offrant un rappel poignant de l'identité complexe et multiforme de l'Algérie. Alors que le soleil se couche sur Alger, projetant sa chaude lueur sur la ville en contrebas, on ne peut s'empêcher de s'émerveiller devant la beauté intemporelle et la résilience de cette métropole légendaire. Car à Alger, l'histoire n'est pas simplement une chose du passé : elle est un témoignage vivant et respirant de l'esprit durable d'une nation.

Délices culinaires d'Alger

Alors que les rayons dorés de l'aube embrassent doucement les anciennes rues d'Alger, une symphonie d'arômes commence à remplir l'air, signalant le début d'une autre journée dans ce paradis culinaire. Pour le voyageur aventureux, il n'y a pas de meilleure façon de commencer la journée qu'avec une tasse fumante de café algérien traditionnel. Niché dans les limites confortables de l'un des nombreux cafés de la ville, l'arôme riche et terreux des grains fraîchement moulus vous enveloppe comme une étreinte chaleureuse, éveillant vos sens et revigorant votre esprit pour les aventures qui vous attendent. Accompagné d'un croissant fraîchement sorti du four ou d'une pâte feuilletée fourrée à la pâte d'amande, ce petit-déjeuner algérien par excellence est un délicieux prélude aux délices culinaires qui vous attendent.

Alors que le soleil du matin monte plus haut dans le ciel, projetant sa lueur chaleureuse sur les rues animées d'Alger, il est temps de partir à la recherche d'un déjeuner. Et quel meilleur endroit pour satisfaire votre faim que l'un des marchés animés de la ville, où les images, les sons et les odeurs de la vie quotidienne se heurtent dans une explosion de couleurs et de saveurs. Ici, au milieu de l'agitation des vendeurs vendant leurs produits, vous découvrirez une gamme alléchante de trésors culinaires à découvrir. De la cuisine de rue savoureuse aux tajines parfumés débordant de saveurs, les options sont aussi diverses que la ville elle-même.

Pour l'expérience culinaire algérienne ultime, assurez-vous de goûter des délices comme le méchoui, un tendre agneau rôti servi avec un accompagnement de couscous, ou offrez-vous un copieux bol de chorba, une soupe épicée qui réchauffe l'âme lors des journées froides. En savourant chaque bouchée, vous serez transporté dans un voyage culinaire à travers la riche tapisserie de la cuisine algérienne, où des siècles de tradition et de culture convergent pour créer des plats aussi uniques que délicieux.

Mais c'est lorsque le soleil commence à se coucher, projetant une lueur chaude et ambrée sur la ville, qu'Alger prend véritablement vie avec les arômes alléchants du dîner. Des bistrots chics du centre-ville aux modestes restaurants nichés dans ses ruelles sinueuses, les restaurants d'Alger servent un régal pour les sens qui vous donnera envie de plus. Plongez dans un plateau de fruits de mer fraîchement pêchés dans l'un des restaurants de bord de mer de la ville, où le goût salé de la mer se mêle à l'arôme fumé du poisson grillé, ou régalez-vous de succulentes brochettes d'agneau cuites à la perfection sur une flamme nue. Et n'oubliez pas de garder de la place pour le dessert – qu'il s'agisse du mahalabiya crémeux, un pudding au lait soyeux délicatement parfumé à l'eau de rose et garni de pistaches hachées, ou du baklava décadent, des couches de pâte feuilletée fourrées aux noix et au miel, les douceurs sucrées d'Alger. sont à ne pas manquer.

Shopping et marchés

Entrer sur les marchés d'Alger, c'est comme entrer dans un kaléidoscope de surcharge sensorielle, où chaque recoin vous invite à une promesse d'aventure et de découverte. Le Marché Central constitue le cœur battant du commerce de la ville, un carrefour animé où le rythme de la vie quotidienne bat dans l'air comme un courant électrique. Ici, au milieu de la symphonie chaotique des voix et du kaléidoscope des couleurs, les visiteurs sont entraînés dans un tourbillon d'activités, où la tradition séculaire du marchandage se heurte à l'agitation moderne du commerce.

En parcourant les étals labyrinthiques du Marché Central, vos sens sont bombardés d'une multitude d'images, de sons et d'odeurs. Des tas d'épices vibrantes créent un arc-en-ciel de teintes qui séduisent les yeux, tandis que l'arôme parfumé du pain fraîchement sorti du four flotte dans l'air, se mêlant à la saveur piquante des fromages mûrs et au parfum terreux des olives. Partout où vous vous tournez, les vendeurs rivalisent pour attirer votre attention, leurs voix s'élevant au-dessus de la cacophonie de la foule alors qu'ils vantent les vertus de leurs produits dans un mélange mélodique d'arabe et de français.

Mais ce ne sont pas seulement les images et les odeurs qui captivent les marchés d'Alger : c'est aussi la tapisserie vibrante de l'humanité qui leur donne vie. Ici, au milieu de l'agitation, vous trouverez un microcosme de la société algérienne, où des gens de tous horizons se réunissent pour échanger, troquer et se connecter. Les familles se faufilent dans la foule, les enfants sautillant à leurs côtés alors qu'ils recherchent les ingrédients parfaits pour le dîner de ce soir. Des hommes âgés sont assis les uns contre les autres, leurs visages burinés plissés de rire et de sagesse alors qu'ils partagent des récits des jours passés. Et à travers tout cela, le bruit rythmé des métallurgistes martelant des casseroles et des poêles en cuivre se répercute dans l'air, témoignage du patrimoine artisanal de la ville.

Alors que le soleil commence à descendre sous l'horizon, projetant une lueur dorée sur le marché animé, vous vous sentez réticent à vous arracher à l'énergie vibrante qui vous entoure. Mais alors que le jour laisse place à la nuit, un nouvel enchantement s'installe : le marché se transforme en un kaléidoscope de lumières scintillantes et de rires. L'air est rempli du grésillement des viandes grillées et du doux arôme du thé à la menthe fraîchement infusé, alors que les familles se réunissent pour rompre le jeûne et partager des histoires sous les étoiles.

Chapitre 5

À LA DÉCOUVERTE DES MERVEILLES NATURELLES D'ALGÉRIE

En Algérie, l'appel de la nature résonne à travers le tissu même du pays, entraînant les voyageurs dans une danse fascinante avec la grandeur de la nature. Le désert du Sahara, icône d'une beauté et d'un mystère sans limites, s'étend sur de vastes étendues, ses dunes ondulantes sculptées par des siècles de vent et de temps. Alors que le soleil peint le ciel dans des tons d'or et de pourpre, le désert devient le théâtre d'un spectacle surnaturel, où le silence règne en maître, brisé seulement par le doux murmure des sables mouvants. Pourtant, au-delà de l'attrait fascinant du désert, les retraites côtières de l'Algérie offrent un contraste saisissant, invitant les visiteurs à s'abandonner à l'étreinte apaisante de la Méditerranée. Ici, les eaux azurées viennent caresser les plages immaculées, leur doux rythme étant une berceuse apaisante pour les âmes fatiguées cherchant un répit face au chaos du monde.

Mais c'est peut-être dans les parcs nationaux et les zones de conservation d'Algérie que la nature révèle véritablement ses secrets les plus captivants. Des sommets escarpés du Tassili n'Ajjer aux vallées luxuriantes des monts Ahaggar, ces sanctuaires abritent une richesse de biodiversité, offrant refuge à une myriade d'espèces végétales et animales. Ici, au milieu d'une nature sauvage et sauvage, les voyageurs peuvent s'immerger dans la beauté du monde naturel, forgeant un lien profond avec la terre et ses habitants. En Algérie, la nature ne se contente pas d'appeler ; il vous enveloppe dans son étreinte, tissant une tapisserie d'images et de sons qui éveillent les sens et remue l'âme.

Expéditions dans le désert du Sahara

Au cœur de l'Afrique du Nord se trouve un royaume enchanteur, où la toile de la Terre se déploie dans des tons d'or et d'ambre sous le regard implacable du soleil. Bienvenue dans le désert du Sahara, une vaste étendue de dunes de sable et d'affleurements rocheux qui s'étend à perte de vue, invitant les aventuriers et les rêveurs à se lancer dans un voyage de découverte. Alors que je posais le pied sur le sable doux et souple de ce paysage surnaturel, un sentiment de crainte m'envahit, car je savais que j'étais sur le point de me lancer dans une expédition pas comme les autres.

Alors que le soleil tapait sur nous comme un maître d'œuvre implacable, mon fidèle compagnon Clyde et moi sommes partis dans le désert, nos chameaux avançant régulièrement à travers les dunes vallonnées. En parcourant ce terrain accidenté, chaque pas nous rapprochait du cœur du Sahara, où les frontières entre réalité et fantaisie s'estompaient comme les sables mouvants sous nos pieds. Le temps semblait perdre tout sens dans cette terre intemporelle, où la seule mesure du progrès était l'arc du soleil dans le ciel et le rythme des sabots de nos chameaux dans le sable.

Mais ce ne sont pas seulement les paysages surréalistes qui ont captivé mes sens ; c'était la riche tapisserie de la vie qui prospérait dans cet environnement à la fois rude et magnifique. En chemin, nous avons rencontré des tribus nomades dont les ancêtres parcouraient ces plaines désolées depuis des générations, leur vie étant intimement liée au tissu du désert lui-même. Malgré les difficultés auxquelles ils ont été confrontés, ces gens résilients nous ont accueillis parmi eux à bras ouverts, partageant des récits d'anciens rituels et de traditions séculaires transmises à travers les âges. Et alors que nous étions assis sous la canopée étoilée du ciel du désert, sirotant un thé à la menthe sucré et écoutant les airs envoûtants de la musique berbère, j'ai ressenti un profond sentiment de connexion avec cette terre et ses habitants.

Alors que la nuit tombait et que le ciel du désert explosait en un kaléidoscope d'étoiles, je m'allongeais sous ma tente de fortune, le sable doux du Sahara me berçant comme l'étreinte d'une mère. Au-dessus de moi, la Voie lactée s'étendait à travers les cieux comme une rivière de lumière scintillante, sa beauté témoignant de l'immensité incompréhensible de l'univers. À ce moment-là, j'ai réalisé que le Sahara était plus qu'un simple désert ; c'était une entité vivante et respirante, un témoignage de la puissance durable et de la beauté de la nature elle-même.

Retraites côtières et plages

Alors que le soleil flamboyant plongeait sous l'horizon, projetant une lueur ardente sur l'étendue infinie du désert du Sahara, je me suis retrouvé à aspirer à la fraîcheur de la mer. Après des journées passées à parcourir les dunes ondulantes et à chasser des mirages à travers le paysage aride, la promesse du littoral algérien nous invitait comme un phare de répit. Avec l'odeur du sel dans la brise et le calme rythmé des vagues résonnant dans mes oreilles, je suis parti à la découverte des retraites côtières et des plages qui parsemaient le littoral méditerranéen.

Le littoral algérien s'étend sur plus de 1 600 kilomètres, une tapisserie de plages immaculées et de criques isolées à découvrir. Des falaises escarpées du Cap Carbon aux sables poudreux de Tipaza, chaque retraite côtière offre son propre mélange unique de beauté et de tranquillité. Alors que je m'aventurais le long des routes côtières sinueuses, les eaux turquoise de la Méditerranée scintillaient comme un joyau de saphir au soleil, m'invitant à m'abandonner à leur étreinte tranquille.

Mon premier arrêt fut Cap Carbon, un promontoire spectaculaire s'avançant dans la mer telle une sentinelle gardant la côte. Perché au sommet des falaises escarpées, j'ai contemplé l'étendue bleue infinie, la brise salée emmêlant mes cheveux alors que les mouettes planaient au-dessus de moi. En contrebas, les vagues s'écrasaient contre le rivage rocheux, envoyant des panaches d'embruns dansant dans les airs. C'était une scène d'une beauté brute et indomptée, un rappel de la puissance et de la majesté du monde naturel.

Mais ce ne sont pas seulement les vues à couper le souffle qui m'ont captivé ; ce sont les villes côtières dynamiques qui parsèment le littoral, chacune offrant son propre mélange unique d'histoire, de culture et de charme. À Oran, la ville portuaire animée qui servait de porte d'entrée sur la Méditerranée, je me suis promené dans les ruelles étroites de la vieille ville, où des bâtiments colorés bordaient les rues pavées et où l'air était animé de rires et de musique. Ici, au milieu de l'agitation de la vie quotidienne, je me suis retrouvé enchanté par la chaleur et l'hospitalité du peuple algérien, dont les sourires étaient aussi éclatants que le soleil qui dansait sur les vagues.

Plus loin le long de la côte, je suis tombé sur le paisible village de pêcheurs de Tigzirt, niché dans une baie abritée entourée de collines verdoyantes. Ici, le temps semblait ralentir alors que je me promenais le long du front de mer, regardant les pêcheurs ramener leurs prises quotidiennes et les enfants jouer dans les vagues. C'était une scène tout droit sortie d'une carte postale, un coin de paradis où les soucis du monde s'estompaient, remplacés par un sentiment de paix et de contentement.

Et n'oublions pas les délices culinaires qui m'attendaient à chaque tournant, un mélange alléchant de saveurs mettant en valeur la riche générosité de la terre et de la mer. Des fruits de mer fraîchement pêchés grillés à la perfection sur la plage aux salades acidulées regorgeant de saveurs de la Méditerranée, chaque repas était une célébration du patrimoine culinaire vibrant des régions côtières de l'Algérie. En savourant chaque bouchée, mes papilles gustatives dansaient de délice, se délectant de l'harmonie des saveurs que l'on ne pouvait trouver que dans ce paradis côtier.

Parcs nationaux et zones de conservation

Au cœur de l'Algérie se trouvent des trésors qui transcendent le temps et l'imagination, où l'étreinte de Mère Nature offre réconfort et sanctuaire aux âmes fatiguées qui cherchent un répit dans le chaos de la vie moderne. Les parcs nationaux et les zones de conservation d'Algérie témoignent de l'engagement du pays à préserver son patrimoine naturel, offrant un refuge à la fois à la faune sauvage et aux amateurs de plein air. Des sommets escarpés du Tassili n'Ajjer aux vallées verdoyantes des montagnes de l'Ahaggar, ces zones sauvages immaculées invitent les aventuriers à s'immerger dans la beauté sauvage de la terre.

L'un de ces joyaux est le parc national du Djurdjura, une étendue accidentée de montagnes et de forêts nichée au cœur de la région de Kabylie. Alors que je me lançais dans une randonnée à travers son terrain accidenté, l'odeur des pins se mêlant à l'air pur de la montagne, j'ai senti un sentiment d'anticipation grandir en moi. Le sentier serpentait à travers des forêts anciennes, où des arbres imposants murmuraient les secrets des temps passés, leurs branches s'élevant vers le ciel dans une révérence silencieuse. À chaque pas, je me suis émerveillé devant la diversité de la flore et de la faune qui habitaient cet endroit, des délicates fleurs sauvages tapissant le sol de la forêt aux insaisissables macaques de Barbarie se balançant gracieusement à travers la cime des arbres.

Mais ce n'est pas seulement la faune qui m'a impressionné ; ce sont les paysages à couper le souffle qui se déroulent sous mes yeux à chaque instant. Alors que j'atteignais le sommet d'un pic imposant, la vue qui m'a accueilli m'a coupé le souffle. Des falaises déchiquetées s'élevaient vers le ciel, leur beauté sauvage témoignant de la puissance brute du travail de la nature. En contrebas, des cascades dévalaient le long de parois rocheuses abruptes, leurs eaux cristallines scintillant au soleil comme des diamants liquides. À ce moment-là, je me suis senti humilié par la majesté du monde naturel, me rappelant ma propre insignifiance dans le grand schéma des choses.

Pourtant, au milieu de la beauté impressionnante du parc national du Djurdjura, il régnait également un profond sentiment de paix et de tranquillité qui m'envahissait comme une douce marée. Ici, entouré par la beauté intemporelle des montagnes, j'ai trouvé du réconfort dans l'étreinte de la nature, mes inquiétudes et mes soucis fondant comme des flocons de neige par une chaude journée de printemps. Alors que je me tenais au sommet, contemplant la beauté sauvage de l'Algérie qui s'étendait devant moi, je ne pouvais m'empêcher de ressentir un sentiment de gratitude pour les souvenirs que j'avais créés et les expériences que j'avais partagées.

Mais mon voyage à travers les parcs nationaux algériens était loin d'être terminé. Du Tassili n'Ajjer au cœur du désert du Sahara aux vallées luxuriantes des montagnes de l'Ahaggar, chaque zone sauvage offrait son propre mélange unique de beauté et d'aventure. Dans le Tassili n'Ajjer, je me suis émerveillé devant d'anciennes formations rocheuses qui semblaient défier la gravité, leurs formes tordues témoignant de la puissance du vent et du temps. Dans les montagnes de l'Ahaggar, j'ai parcouru des vallées verdoyantes et des sommets imposants, rencontrant une faune riche en cours de route.

Pourtant, au milieu de la beauté sauvage des zones sauvages d'Algérie, régnait également un sentiment d'urgence, un rappel de l'équilibre fragile qui existe entre l'homme et la nature. Alors que je regardais un troupeau de cerfs de Barbarie brouter paisiblement dans une prairie ensoleillée, je n'ai pas pu m'empêcher de ressentir une pointe de tristesse à l'idée des menaces qui pèsent sur leur habitat. De la déforestation au changement climatique, les défis auxquels est confronté le patrimoine naturel algérien sont aussi vastes et complexes que les paysages eux-mêmes.

Chapitre 6

IMMERGATION DANS LA CULTURE ALGÉRIENNE

La culture dynamique de l'Algérie n'est pas seulement une attraction superficielle ; c'est l'âme qui coule dans les veines de cette terre captivante. À chaque battement du tambour Bendir et à chaque balancement des hanches du danseur Raqs Sharqi, l'essence de l'Algérie prend vie dans une symphonie d'images et de sons qui captive les sens. La musique traditionnelle algérienne, avec ses mélodies envoûtantes et ses rythmes complexes, sert de passerelle vers l'âme de la nation, transportant les habitants et les visiteurs dans un royaume où le temps semble s'être arrêté. C'est dans les rythmes palpitants de la flûte gasba et la résonance tonitruante du tambour derbouka que l'on commence véritablement à comprendre la profondeur du patrimoine culturel algérien.

Et puis il y a les festivals – oh, les festivals ! Chacun d'entre eux est un kaléidoscope de couleurs et d'émotions qui mettent en valeur la diversité et la richesse de la culture algérienne. Qu'il s'agisse des célébrations exubérantes de l'Aïd al-Fitr ou des processions solennelles du Mawlid al-Nabi, un sentiment palpable de joie et d'unité imprègne l'air lors de ces festivités. C'est dans ces moments de réjouissances collectives que le véritable esprit de l'Algérie brille le plus, alors que les communautés se réunissent pour célébrer leur histoire et leurs traditions communes. En effet, découvrir le cœur battant de l'Algérie, c'est s'immerger pleinement dans sa culture vibrante, où chaque note de musique et chaque touche de couleur témoigne de la beauté durable de cette terre enchanteresse.

Musique et danse traditionnelles

Au cœur de l'Algérie se trouve un monde fascinant de rythmes et de mouvements, où la musique et la danse traditionnelles s'entremêlent pour créer une expérience qui transcende le temps et l'espace. Imaginez-vous au milieu d'un souk animé, entouré des images et des sons de la vie quotidienne. Lorsque vous fermez les yeux, le rythme hypnotique du tambour Bendir commence à résonner dans l'air, vous entraînant dans un état de transe où les inquiétudes fondent comme du sable glissant entre vos doigts. C'est la magie de la musique traditionnelle algérienne, une mélodie qui sert de portail vers l'âme même de la nation.

Le tambour bendir, avec ses sonorités profondes et résonantes, est le cœur de la musique algérienne. Sa pulsation rythmique donne le ton d'un voyage à travers le paysage sonore du désert, où les mélodies anciennes se mêlent aux influences modernes pour créer une symphonie sonore à la fois envoûtante et hypnotique. En vous balançant au rythme, vous ne pouvez vous empêcher de ressentir un lien avec la terre elle-même, comme si chaque battement du tambour était un battement de cœur résonnant à travers la vaste étendue du Sahara.

Mais la musique traditionnelle algérienne est bien plus qu'un simple battement de tambour solitaire : c'est une riche tapisserie tissée à partir d'une myriade d'instruments et d'influences. La flûte gasba ajoute une mélodie envoûtante au mélange, ses accents lugubres flottant dans l'air comme des murmures au vent. Pendant ce temps, le tambour derbouka injecte une énergie vive dans la musique, ses battements rapides inspirant les pieds à taper et les hanches à se balancer au rythme du rythme. Ensemble, ces instruments créent une symphonie sonore typiquement algérienne, une célébration du riche patrimoine culturel et des diverses influences du pays.

Et puis il y a la danse – oh, la danse ! En Algérie, la danse est plus qu'une simple forme de divertissement ;

C'est une manière de vivre. Des virevoltes gracieux du raqs sharqi au jeu de jambes frénétique du kabyle, la danse algérienne est une célébration du mouvement sous toutes ses formes. Chaque étape raconte une histoire, tissant les fils de la tradition et de la modernité dans une tapisserie fascinante de mouvement et de sens.

Prenez, par exemple, le raqs sharqi, ou « danse orientale », un style caractérisé par ses mouvements fluides et sa chorégraphie complexe. Alors que la musique gonfle et que les hanches du danseur se balancent au rythme du rythme, il est impossible de ne pas être captivé par la beauté et la grâce du spectacle. Chaque geste est chargé de sens, chaque pas témoigne du talent et du talent artistique du danseur.

Et puis il y a le kabyle, une danse pleine d'énergie aussi exaltante à regarder qu'à laquelle participer. Avec son jeu de jambes rapide et ses sauts énergiques, le kabyle est une célébration de la vitalité et de la joie, un témoignage de la résilience et de l'esprit de le peuple algérien. En vous joignant à la danse, vous ne pouvez vous empêcher de ressentir un sentiment d'exaltation qui coule dans vos veines, comme si chaque pas vous rapprochait du cœur de la culture.

Fêtes et célébrations

Dans la tapisserie vibrante de la culture algérienne, les festivals et les célébrations sont comme les joyaux brillants qui ornent une couronne majestueuse. Ce sont les fils qui tissent le tissu de la société, liant les communautés dans une célébration partagée de la joie, de la tradition et de l'unité. Des rues animées d'Alger aux oasis tranquilles du Sahara, l'esprit de fête imprègne chaque recoin de cette terre enchanteresse, invitant les voyageurs à participer à la riche tapisserie d'expériences qui définissent la vie algérienne.

Au cœur du calendrier des fêtes algériennes se trouve le grand spectacle du Mawlid al-Nabi, une célébration de la naissance du prophète Mahomet qui transforme les rues en une débauche de couleurs et de sons. Alors que le soleil se couche sous l'horizon, illuminant les minarets des mosquées d'une teinte dorée, les fidèles se rassemblent pour commémorer la vie et les enseignements du vénéré prophète de l'Islam. Les processions serpentent dans les ruelles labyrinthiques des anciennes médinas, tandis que les tambours battent une cadence rythmée qui résonne toute la nuit. Et au milieu du chaos et de la cacophonie, il existe un sentiment palpable de respect et de dévotion qui unit les croyants dans une expression partagée de la foi.

Mais c'est pendant le mois sacré du Ramadan que le véritable esprit de l'hospitalité algérienne brille le plus. Alors que le soleil se couche sur une autre journée torride dans le désert, les familles se rassemblent autour de tables chargées de plats fumants de couscous, de tajines et de succulentes dattes, rompant leur jeûne avec un sentiment de gratitude et de joie. Et c'est dans cette fraction du pain en commun que les liens d'amitié et de parenté se renforcent, alors que les voisins ouvrent leur maison et leur cœur pour partager les bénédictions de la saison. Alors que l'appel à la prière résonne dans les rues, signalant la fin d'une autre journée de jeûne, l'air est empli de l'arôme enivrant du thé à la menthe fraîchement infusé et des rires des proches réunis.

Bien entendu, aucune discussion sur les fêtes algériennes ne serait complète sans mentionner la joyeuse célébration de l'Aïd al-Fitr, marquant la fin du Ramadan par des festins, des prières et une communion fraternelle. Des marchés animés d'Alger aux villages tranquilles des montagnes de l'Atlas, l'air est électrique d'impatience alors que les familles se préparent à marquer l'occasion avec des fêtes somptueuses et des festivités animées. Les enfants revêtent leurs plus beaux vêtements et attendent avec impatience l'arrivée du défilé de l'Aïd al-Fitr, où des chars colorés et des fanfares se frayent un chemin dans les rues dans un spectacle éblouissant d'apparat et de joie. Et alors que la nuit tombe et que le ciel est illuminé par une cascade de feux d'artifice, un sentiment de jubilation et de renouveau emplit l'air, alors que les fidèles remercient pour les bénédictions d'une autre année.

Pourtant, au milieu de la grandeur de ces célébrations plus grandes que nature, ce sont souvent les rassemblements plus petits et plus intimes qui laissent l'impression la plus durable dans le cœur et l'esprit des voyageurs. Qu'il s'agisse de tomber sur un cortège de mariage traditionnel dans les ruelles sinueuses de la Casbah ou d'être invité à partager une tasse de thé à la menthe sucrée avec de nouveaux amis dans une oasis isolée du désert, chaque instant est l'occasion de découvrir la véritable essence de la culture algérienne dans tous ses aspects. sa gloire. C'est dans ces moments de connexion spontanée et de joie partagée que la véritable magie de l'Algérie se révèle, alors que les voyageurs se retrouvent accueillis dans l'étreinte chaleureuse d'une culture qui célèbre la vie sous toutes ses innombrables formes.

Et puis, bien sûr, il y a le joyau des festivals algériens : le Festival international de musique annuel de Timgad. Niché au milieu des ruines antiques de la ville romaine de Timgad, cet événement de renommée mondiale rassemble des musiciens du monde entier pour créer une symphonie sonore qui se répercute dans la nuit du désert.

Des accents envoûtants de la musique berbère traditionnelle aux rythmes palpitants du jazz et du rock modernes, le festival est une célébration de la diversité et de l'unité, alors que les artistes et le public se réunissent pour se délecter du pouvoir de la musique à transcender les frontières et à unir les âmes. Et alors que les étoiles scintillent au-dessus de nous et que la lune projette sa lueur argentée sur les pierres anciennes, un sentiment de magie et d'émerveillement imprègne l'air, alors que les voyageurs se retrouvent transportés dans un royaume où la musique est le langage universel de l'âme.

Art et artisanat locaux

Dans les souks animés d'Algérie, pénétrer dans le domaine d'un artisan, c'est comme entrer dans un royaume où la créativité ne connaît pas de limites. Au fur et à mesure que vous vous promenez dans les rues labyrinthiques, l'air s'imprègne de l'arôme alléchant des épices et des bavardages animés des marchands marchandant leurs marchandises. Ici, au milieu de l'émeute des couleurs et de la cacophonie des sons, l'art et l'artisanat algériens occupent une place centrale, invitant les voyageurs à se plonger dans un monde d'une beauté et d'un savoir-faire sans précédent.

La diversité de l'art algérien est le reflet du riche patrimoine culturel du pays, chaque œuvre racontant une histoire de tradition et d'innovation. On ne peut s'empêcher d'être captivé par les motifs complexes qui ornent la poterie, chaque trait témoignant de l'attention méticuleuse portée aux détails par l'artisan. Des dessins géométriques de la poterie berbère aux motifs vibrants de l'art islamique, chaque pièce est une fenêtre sur l'âme de l'Algérie, révélant le lien profond entre son peuple et la terre où il habite.

Mais ce ne sont pas seulement les produits finis qui fascinent ; c'est le processus lui-même qui met véritablement en valeur le talent artistique et le savoir-faire des artisans algériens. Promenez-vous dans la ville antique de Tlemcen et vous verrez des maîtres artisans au travail, leurs mains bougeant avec une fluidité née d'années de pratique et de dévouement. Qu'il s'agisse de façonner de l'argile pour en faire des récipients exquis ou de tisser des fils pour créer des tapisseries complexes, chaque mouvement est une symphonie de mouvement, une danse entre l'artiste et le médium qu'il a choisi. Et pour le voyageur aventureux prêt à retrousser ses manches et à se salir les mains, il y a même la possibilité de s'essayer lui-même à ces métiers séculaires. Mais attention : même si l'attrait de la poterie ou du tissage de tapis peut sembler romantique en théorie, la réalité est un humble rappel de l'habileté et de la précision requises pour maîtriser ces arts anciens.

Pourtant, au-delà de la beauté tangible de l'art lui-même se cache un lien plus profond avec l'âme de l'Algérie. Car s'immerger dans la culture algérienne, c'est se lancer dans un voyage de découverte, où chaque coup de pinceau et chaque point est imprégné de siècles de tradition et d'histoire. C'est un voyage qui transcende le simple tourisme, invitant les voyageurs à interagir avec les gens et les lieux qui rendent l'Algérie vraiment unique.

En effet, la tapisserie vibrante de tradition et de modernité qu'est l'Algérie témoigne de la résilience et de la créativité de son peuple. Des souks animés d'Alger aux villages reculés nichés dans les montagnes de l'Atlas, un sentiment de fierté et de passion imprègne tous les coins du pays. Et en parcourant les rues animées et les marchés animés, vous ne pouvez vous empêcher de ressentir un sentiment d'émerveillement et d'émerveillement face à la diversité de la culture algérienne.

Chapitre 7

EXPÉRIENCES CUISINE ET MANGER

La nourriture – le langage universel qui transcende les frontières et unit les gens de tous horizons. En Algérie, ce sentiment est particulièrement vrai, car la scène culinaire du pays reflète sa riche tapisserie de cultures et de traditions. Des marchés animés d'Alger aux côtes ensoleillées d'Oran, des aventures culinaires vous attendent à chaque coin de rue, promettant de ravir les papilles et d'enflammer les sens. Que vous vous livriez aux saveurs enflammées des stands de nourriture de rue ou que vous savouriez les créations exquises des grands chefs, chaque bouchée est une symphonie de saveurs qui raconte l'histoire du patrimoine culinaire diversifié de l'Algérie. Alors venez, embarquons pour un voyage gastronomique à travers le paysage savoureux de la cuisine algérienne, où chaque repas est une invitation à découvrir la chaleur, l'hospitalité et l'esprit vibrant de ce pays enchanteur.

De l'arôme savoureux des tajines mijotés au charme sucré des pâtisseries délicates dégoulinantes de miel, la cuisine algérienne est un régal pour les sens qui laisse une impression durable sur tous ceux qui y participent. Que vous dégustiez des plats traditionnels transmis de génération en génération ou que vous découvriez des trésors cachés dans les ruelles labyrinthiques de la médina, chaque aventure culinaire offre un aperçu du cœur et de l'âme de l'Algérie. Ainsi, que vous soyez un fin gourmet ou un voyageur aventureux désireux d'explorer de nouvelles saveurs, le paysage culinaire algérien ravira, surprendra et inspirera à coup sûr. Alors venez me rejoindre pour embarquer dans un voyage de découverte du monde vibrant de la cuisine algérienne, où chaque repas est l'occasion de créer des souvenirs inoubliables et de tisser des liens durables.

Plats et recettes traditionnels algériens

Au cœur de l'Algérie, où le soleil danse sur le sable doré et où le parfum des épices flotte dans l'air, se cache une tradition culinaire aussi riche et diversifiée que la terre elle-même. Bienvenue dans le monde des plats et recettes traditionnels algériens, où chaque repas est une célébration de la saveur, de l'histoire et de la culture.

Commençons notre voyage culinaire avec le joyau de la cuisine algérienne : le couscous. Cette humble céréale, dont les origines remontent à des siècles, occupe une place particulière dans le cœur et l'estomac des Algériens à travers le pays. Imaginez un tas de couscous moelleux, fumant et parfumé, servi avec de tendres morceaux d'agneau, de carottes et de pois chiches, le tout nageant dans une piscine de bouillon savoureux infusé d'épices comme le cumin, la coriandre et le safran. C'est la cuisine algérienne réconfortante par excellence, un plat qui réchauffe l'âme et satisfait l'appétit dans une égale mesure. Mais le couscous n'est pas qu'un repas : c'est une institution culturelle, symbole d'hospitalité et de générosité qui se transmet de génération en génération.

Et puis il y a le tajine, une merveille mijotée qui est devenue synonyme de la cuisine nord-africaine. Imaginez un pot en argile, son couvercle orné de motifs complexes, rempli d'un mélange de viandes, de légumes et d'épices, le tout mijotant ensemble pour créer une symphonie de saveurs qui dansent sur la langue. En Algérie, le tajine est plus qu'un simple plat : c'est un travail d'amour, un témoignage du savoir-faire et du dévouement du cuisinier qui le prépare. Qu'il s'agisse du classique tajine d'agneau aux pruneaux et amandes, du tajine de poulet aux citrons confits et olives ou du tajine de fruits de mer aux saveurs de la Méditerranée, chaque variante offre un aperçu de la riche tapisserie des traditions culinaires algériennes.

Mais aucun repas algérien ne serait complet sans une finale sucrée, et c'est là que les pâtisseries algériennes entrent en jeu. Dès l'instant où vous prendrez votre première bouchée de baklava – avec ses couches de pâte feuilletées, ses noix croquantes et son miel sucré et collant – vous comprendrez pourquoi ces friandises gourmandes sont si appréciées de la cuisine algérienne. Et puis il y a le makroudh – une pâtisserie à base de pâte de semoule, farcie de dattes sucrées et frite à la perfection. Une bouchée suffit pour vous transporter dans un monde de pur bonheur culinaire, où chaque bouchée est un rappel des douces joies de la vie.

Alimentation de rue et marchés

Alors que le soleil se lève sur les rues animées d'Alger et d'Oran, une symphonie d'arômes remplit l'air, invitant les gourmands d'ici et d'ailleurs à se livrer à la scène culinaire de rue vibrante qui définit le paysage culinaire algérien. Entrez au cœur de ces villes, où le rythme de la vie bat à travers les marchés animés et les bazars animés, et préparez-vous à vous lancer dans une aventure culinaire pas comme les autres.

La première étape de notre voyage gastronomique à travers le paradis de la street food algérienne ? Nul autre que la bien-aimée merguez – une saucisse épicée à base d'agneau ou de bœuf grillée à la perfection et servie avec une généreuse cuillerée d'harissa pour un piquant supplémentaire. Imaginez ceci : des panaches de fumée s'élevant des grils grésillants, l'arôme alléchant de la viande carbonisée se mêlant au parfum âcre des épices et des vendeurs retournant les brochettes de manière experte avec la finesse d'artistes chevronnés. À chaque bouchée de merguez, vous êtes transporté dans un monde où la saveur règne en maître et où les délices culinaires abondent.

Mais les merguez ne sont que le début de notre odyssée culinaire. Aventurez-vous plus profondément dans les ruelles labyrinthiques de la médina, où des trésors cachés vous attendent à chaque coin de rue. Ici, au milieu de l'agitation de la vie quotidienne, vous trouverez un trésor de gourmandises à savourer. Prenez, par exemple, le brik salé – une pâtisserie croustillante remplie d'œuf, de thon et d'un mélange d'épices qui dansent en bouche à chaque bouchée. Ou faites plaisir à votre gourmandise avec une assiette de beignets, des boules de pâte dorées saupoudrées de sucre en poudre et servies très chaudes à la friteuse. Chaque bouchée est une révélation, une célébration de la saveur et de la tradition qui vous donne envie de plus.

Mais aucun voyage culinaire à travers l'Algérie ne serait complet sans une visite aux marchés animés qui parsèment le paysage, où les étals regorgent de fruits frais, de légumes et d'épices qui invitent à être explorés. Perdez-vous dans la surcharge sensorielle alors que les vendeurs vendent leurs produits avec une gamme colorée d'images, de sons et d'odeurs qui vous transportent dans un monde où les possibilités culinaires sont infinies. Des dattes charnues aux agrumes parfumés en passant par les épices aromatiques et les herbes parfumées, le marché est un véritable trésor pour les gourmands et les aventuriers.

Et n'oublions pas le khobz – la pierre angulaire de la cuisine algérienne et l'accompagnement parfait de tout festin de cuisine de rue. Imaginez une miche de pain fraîchement sorti du four, sa croûte dorée cédant la place à un intérieur doux et moelleux qui constitue la toile parfaite pour s'imprégner de sauces salées et de trempettes savoureuses. Qu'il soit dégusté seul ou accompagné d'un bol bien chaud de soupe harira, le khobz est un délice culinaire qui vous donnera certainement envie de plus.

Visites gastronomiques et culinaires

Au cœur des villes animées d'Algérie et niché dans ses palais historiques, une renaissance culinaire est en cours, invitant les palais les plus exigeants à se livrer à un monde de saveurs et de délices. Alors que le soleil se couche sur la Méditerranée, le paysage urbain se transforme en une toile de lumières scintillantes et l'arôme des plats alléchants remplit l'air, signalant le début d'une aventure gastronomique pas comme les autres.

Pour ceux qui recherchent une expérience culinaire élevée, l'Algérie offre une scène gastronomique en plein essor qui rivalise avec certaines des capitales culinaires mondiales. Imaginez-vous au sommet d'un restaurant chic sur le toit, où la brise salée de la Méditerranée se mêle au parfum des épices parfumées, créant une ambiance aussi enivrante qu'inoubliable. Ici, au milieu de la douce lueur des bougies et du doux bourdonnement des conversations, vous découvrirez une oasis culinaire où chaque plat est un chef-d'œuvre et chaque bouchée une révélation.

Mais la gastronomie algérienne ne se limite pas aux vues panoramiques sur les toits. Aventurez-vous plus profondément au cœur de la ville et vous découvrirez des restaurants élégants nichés dans des palais historiques et des demeures ornées, où l'opulence des environs n'a d'égale que la cuisine exquise servie sur des plateaux d'argent. Franchissez les portes finement sculptées et entrez dans un monde de luxe et de raffinement, où chaque plat est une symphonie de saveurs méticuleusement conçues pour éveiller les papilles et ravir les sens.

Offrez-vous un tour de force culinaire avec un menu dégustation qui met en valeur le meilleur de la cuisine algérienne, des plats de fruits de mer délicats débordant de fraîcheur aux interprétations inventives des plats traditionnels qui repoussent les limites de l'innovation culinaire. Ici, les chefs sont des artistes, et chaque assiette est une toile sur laquelle ils peignent un chef-d'œuvre, superposant saveurs et textures avec précision et savoir-faire.

Et quelle meilleure façon de compléter votre repas qu'avec un verre de vin algérien ou un thé à la menthe rafraîchissant ? L'Algérie n'est peut-être pas aussi connue que ses homologues européens en matière de production de vin, mais ne vous laissez pas tromper : les vignobles du pays produisent des millésimes vraiment exceptionnels qui ne manqueront pas d'impressionner même les œnophiles les plus exigeants. Sirotez et savourez tout en admirant les images et les sons de la ville en contrebas, permettant aux saveurs de danser sur votre palais et de vous transporter dans un monde de pur bonheur culinaire.

Mais peut-être que la véritable magie de la gastronomie en Algérie réside dans la possibilité d'entrer en contact avec des chefs et artisans locaux passionnés par le partage de leur patrimoine culinaire avec les visiteurs d'ici et d'ailleurs. Installez-vous à la table du chef et engagez une conversation animée tout en regardant les maîtres au travail, leurs mains bougeant avec la grâce et la précision d'un danseur chevronné. Découvrez les secrets des plats algériens emblématiques en partageant des recettes familiales transmises de génération en génération, chacune témoignant de la riche histoire culinaire et du patrimoine culturel du pays.

Ou pourquoi ne pas vous lancer dans une visite gastronomique guidée qui vous emmène hors des sentiers battus vers des trésors cachés et des restaurants cachés appréciés des locaux ? Ici, au milieu de l'agitation des rues de la ville, vous découvrirez un monde de saveurs à explorer – des savoureux tajines mijotés sur des flammes nues aux plats de couscous parfumés servis avec une hospitalité chaleureuse. Goûtez aux délices de la cuisine de rue qui ravissent les papilles et vous donnent envie de plus, chaque bouchée témoigne de l'ingéniosité et de la créativité des artisans culinaires algériens.

Chapitre 8

OPTIONS D'HÉBERGEMENT

Dans la tapisserie vibrante des aventures algériennes, où les échos des civilisations anciennes se mêlent aux rythmes vibrants de la vie moderne, chaque recoin réserve une nouvelle surprise à découvrir. Que vous vous trouviez en train de flâner dans les souks animés d'Alger, où l'air est vivifié par le parfum des épices exotiques et les bavardages des commerçants, ou que vous traversiez les dunes balayées par les vents du désert du Sahara, où le silence n'est rompu que par le murmure du vent, l'Algérie est une terre de possibilités infinies. Et au milieu de ce kaléidoscope d'expériences, trouver l'endroit idéal pour reposer votre tête fatiguée est une partie essentielle du voyage : un sanctuaire où vous pourrez vous ressourcer et vous ressourcer avant de vous lancer dans votre prochaine aventure.

Heureusement, l'Algérie dispose d'une gamme diversifiée d'options d'hébergement adaptées aux goûts et au budget de chaque voyageur, chacune offrant son propre mélange unique de confort, de charme et d'hospitalité. Pour ceux qui recherchent un avant-goût du luxe, les somptueux hôtels et centres de villégiature du pays attirent par leurs équipements somptueux et leur service impeccable. Des gratte-ciel élégants d'Alger aux quartiers historiques d'Oran, ces havres cinq étoiles offrent un havre de tranquillité au milieu de l'agitation de la vie citadine. Alternativement, pour ceux qui recherchent une expérience algérienne plus intime et authentique, les charmantes maisons d'hôtes et chambres d'hôtes du pays offrent un accueil chaleureux et un deuxième chez-soi. Nichés dans des quartiers pittoresques et des quartiers historiques, ces joyaux cachés offrent un aperçu du cœur et de l'âme du riche patrimoine culturel algérien, où chaque séjour est l'occasion de forger des souvenirs impérissables et des amitiés durables.

Hôtels et centres de villégiature

Au cœur animé des villes cosmopolites algériennes se trouve un monde de luxe et de gourmandise, invitant les voyageurs du monde entier à entrer dans un royaume d'opulence et de raffinement. Des gratte-ciel élégants d'Alger aux quartiers historiques d'Oran, les hôtels et complexes hôteliers du pays offrent un mélange captivant d'élégance moderne et de charme intemporel, promettant un séjour inoubliable, même aux clients les plus exigeants.

En franchissant la grande entrée de l'un des hôtels les plus raffinés d'Algérie, vous êtes accueilli par la vue de sols en marbre, de fontaines en cascade et de grands atriums qui dégagent un air de sophistication et de grandeur. Le hall est une ruche d'activités, où les invités se mélangent autour d'une tasse de café fraîchement moulu ou s'enregistrent à la réception raffinée, où le personnel vous accueille avec des sourires chaleureux et une hospitalité impeccable.

Une fois installé dans votre hébergement luxueux, il est temps d'explorer tout ce que l'hôtel a à offrir. Imaginez-vous en train de vous prélasser au bord de la piscine étincelante, un cocktail à la main, tandis que le soleil se couche sous l'horizon, peignant le ciel dans des tons orange et rose. Ou peut-être préférez-vous vous offrir une séance de bien-être au spa de classe mondiale de l'hôtel, où des thérapeutes experts dispensent vos soins avec des massages apaisants et des soins rajeunissants.

Mais ce ne sont pas seulement les équipements somptueux qui font du séjour dans un hôtel en Algérie une expérience aussi mémorable : c'est aussi le sentiment de camaraderie et de connexion qui découle du partage d'histoires avec d'autres voyageurs du monde entier. Que vous échangiez des conseils de voyage autour d'un petit-déjeuner buffet décadent ou que vous nouiez des liens autour d'un cocktail au bar de l'hôtel, chaque interaction est l'occasion de nouer de nouvelles amitiés et de créer des souvenirs impérissables.

Et n'oublions pas les délices culinaires qui vous attendent dans les hôtels et complexes hôteliers d'Algérie. Des somptueux petits-déjeuners proposant une gamme de spécialités locales aux expériences culinaires gastronomiques mettant en valeur le meilleur de la cuisine algérienne, chaque repas est un régal pour les sens qui vous donnera envie de plus.

Mais le plus grand luxe de tous est peut-être le sentiment d'être entièrement pris en charge et pris en charge pendant votre séjour. Dès votre arrivée jusqu'au moment où vous faites vos adieux à contrecœur, le personnel attentif fait tout ce qui est en son pouvoir pour s'assurer que tous vos besoins soient satisfaits, vous laissant choyé, rafraîchi et prêt à affronter toutes les aventures qui vous attendent.

Chambres d'hôtes et chambres d'hôtes

Dans les rues animées d'Alger, où le parfum des épices se mêle au bruit des discussions animées, se cache un monde caché d'hospitalité et de charme : les chambres d'hôtes et chambres d'hôtes d'Algérie. Nichés dans des quartiers pittoresques et des quartiers historiques, ces joyaux cachés offrent un sanctuaire aux voyageurs à la recherche d'une expérience algérienne plus intime et authentique. Imaginez franchir la porte de l'une de ces demeures confortables, accueilli par l'étreinte chaleureuse de vos aimables hôtes et l'arôme alléchant du café fraîchement moulu et des croissants chauds et feuilletés. Dès votre arrivée, vous n'êtes pas seulement un invité, vous êtes une famille.

Chaque maison d'hôtes est un travail d'amour, un témoignage de la passion et du dévouement de ses propriétaires qui consacrent leur cœur et leur âme à créer un chez-soi pour les voyageurs fatigués. En explorant les pièces finement décorées, ornées de carreaux peints à la main et de textiles colorés, vous ne pouvez vous empêcher de vous émerveiller devant l'attention portée aux détails dans chaque coin. Du mobilier vintage aux bibelots originaux qui ornent les étagères, il n'y a pas deux maisons d'hôtes identiques, chacune reflétant la personnalité unique et le charme de son environnement.

Mais ce ne sont pas seulement les intérieurs confortables qui font du séjour dans une maison d'hôtes en Algérie une expérience si mémorable : c'est aussi le sentiment de camaraderie et de connexion qui découle du partage d'histoires et de rires avec d'autres voyageurs. Que vous échangiez des conseils de voyage autour d'un petit-déjeuner dans le jardin ensoleillé de la cour ou que vous vous réunissiez autour de la cheminée lors d'une soirée fraîche, les liens forgés dans ces cadres intimes sont aussi durables que les souvenirs que vous emporterez avec vous longtemps après votre retour à la maison. . Et avec vos aimables hôtes toujours disponibles pour vous offrir des conseils d'initiés et des recommandations locales, vous découvrirez une facette de l'Algérie que peu de touristes ont la chance de découvrir.

L'une de ces maisons d'hôtes qui a conquis mon cœur lors de mes voyages à travers l'Algérie était Dar El Medina, dans l'ancienne ville de Constantine. Nichée au milieu des rues labyrinthiques de la médina, cette charmante retraite offrait une oasis de calme au milieu de l'agitation de la vie urbaine. Alors que je franchissais la porte ornée de la cour, j'ai été immédiatement frappé par la beauté sereine qui m'entourait : le doux filet d'une fontaine, les couleurs vibrantes des fleurs épanouies, le parfum du jasmin suspendu dans l'air.

Mais c'est la chaleur de l'accueil qui a vraiment rendu mon séjour inoubliable. Dès mon arrivée, j'ai été accueilli comme un vieil ami par la propriétaire, Madame Fatima, dont le rire contagieux et l'hospitalité sans limites m'ont fait sentir comme chez moi. Chaque matin commençait par un festin digne d'un roi, avec des pâtisseries maison, du jus d'orange fraîchement pressé et des tasses de café fumantes servies sur la terrasse ensoleillée surplombant la ville en contrebas. Et alors que je partais explorer les rues sinueuses et les monuments antiques de Constantine, Madame Fatima était toujours disponible pour offrir de précieux conseils et astuces, garantissant que chaque instant de mon séjour soit rempli d'aventure et de découverte.

Mais la partie la plus mémorable de mon séjour à Dar El Medina a peut-être été le sentiment de communauté qui imprégnait chaque recoin de la maison d'hôtes. Qu'il s'agisse de partager des histoires et de rires avec d'autres voyageurs au petit-déjeuner ou de me rassembler autour de la cheminée le soir pour échanger des récits de voyage, j'ai ressenti une parenté avec mes compagnons de voyage qui transcendait les barrières linguistiques et culturelles. Et alors que je faisais mes adieux à Madame Fatima et à la charmante ville de Constantine, je savais que ce n'était pas un au revoir, mais plutôt jusqu'à ce que nous nous retrouvions. Car les souvenirs forgés dans ces cours baignées de soleil et ces bazars animés sont ceux qui resteront avec moi toute une vie, un rappel de la magie qui attend ceux qui osent s'aventurer hors des sentiers battus et dans le cœur et l'âme de l'Algérie.

Campings et Eco-Lodges

Dans la vaste étendue sauvage et sauvage de l'Algérie, où les montagnes de l'Atlas s'élèvent majestueusement et où le littoral méditerranéen s'étend à l'infini, se trouve un refuge pour ceux qui cherchent à échapper aux limites de la modernité et à renouer avec le monde naturel. Pour les âmes aventureuses qui aspirent à communier avec la nature, camper en Algérie est un voyage au cœur de la terre elle-même, une chance de se débarrasser des pièges de la civilisation et de s'immerger dans la beauté brute des grands espaces.

Imaginez, si vous voulez, partir pour un voyage vers l'inconnu, armé de rien d'autre qu'un sac à dos et un sentiment d'émerveillement. En parcourant des terrains accidentés et des sentiers sinueux, chaque pas vous rapproche d'un monde épargné par le temps, un monde où les seuls sons sont le bruissement des feuilles dans la brise et l'appel lointain d'une chèvre de montagne. Et quand vient le temps de camper pour la nuit, vous vous retrouvez dans un endroit d'une beauté inégalée, entouré de sommets imposants et de cieux infinis illuminés d'étoiles.

Alors que l'obscurité tombe et que le monde qui vous entoure disparaît dans l'ombre, vous allumez un feu et vous asseyez sous la canopée des étoiles, hypnotisé par la danse des flammes et la symphonie des sons nocturnes. Et tandis que vous vous endormez sous une couverture d'étoiles scintillantes, vous êtes rempli d'un sentiment de paix et de contentement comme vous n'en avez jamais connu. Car à ce moment-là, vous n'êtes pas seulement un voyageur de passage, mais une partie de quelque chose de plus grand : un témoin de la beauté intemporelle du monde naturel.

Mais camper en Algérie ne consiste pas seulement à trouver un endroit où se reposer la nuit ; il s'agit d'adopter un mode de vie aussi ancien que la terre elle-même. Il s'agit de se réveiller aux premières lueurs de l'aube et d'accueillir la journée avec un sentiment de respect et de gratitude pour le monde qui vous entoure. Il s'agit d'explorer des vallées cachées et des cascades secrètes, et de découvrir les merveilles cachées qui se trouvent hors des sentiers battus.

Et pour ceux qui préfèrent une touche de confort lors de leur expérience en pleine nature, l'Algérie propose une gamme d'éco-lodges qui se fondent parfaitement dans le paysage naturel, offrant un sanctuaire aux voyageurs fatigués en quête de réconfort. Nichés au milieu de forêts luxuriantes et de lacs immaculés, ces écolodges offrent un refuge loin du chaos de la vie moderne, où la durabilité rencontre la sérénité en parfaite harmonie.

Imaginez-vous vous réveiller au doux clapotis des vagues sur le rivage, avec le parfum des pins emplissant l'air et la promesse d'aventure qui vous appelle. Que vous passiez vos journées à faire de la randonnée dans des forêts verdoyantes, à faire du kayak le long de rivières aux eaux cristallines ou simplement à vous prélasser dans un hamac avec un bon livre, les moyens de vous connecter avec le monde naturel ne manquent pas dans un éco-lodge en Algérie.

Mais la plus grande joie du camping et du séjour dans des écolodges en Algérie réside peut-être dans le sentiment de liberté et de possibilités que procure l'immersion dans la nature. Ici, il n'y a pas d'horaires à respecter ni de délais à respecter, juste des opportunités infinies d'exploration et de découverte. Que vous soyez un amateur de plein air expérimenté ou un amoureux de la nature novice, le camping en Algérie promet une expérience pas comme les autres, une expérience qui vous laissera exalté, inspiré et désireux de revenir encore et encore.

Chapitre 9

CONSEILS DE SÉCURITÉ ET PRATIQUES

Dans le kaléidoscope tourbillonnant d'aventures qu'est l'Algérie, la sécurité et l'aspect pratique sont les héros méconnus qui garantissent que votre voyage reste une histoire qui mérite d'être racontée. Alors que vous vous préparez à embarquer pour votre odyssée en Afrique du Nord, laissez-moi vous guider à travers le labyrinthe de problèmes de santé, de nuances culturelles et de protocoles d'urgence qui vous permettront de danser sous les étoiles du désert en toute tranquillité d'esprit. Des rues animées d'Alger aux oasis tranquilles du Sahara, chaque recoin de cette terre diversifiée recèle son propre ensemble de défis et de plaisirs. Mais n'ayez crainte, voyageur intrépide, car avec un peu de préparation et une pincée de bon sens, vous vous retrouverez à surmonter ces obstacles avec grâce et facilité.

En matière de santé et de sécurité, la vigilance est de mise. Qu'il s'agisse de vous assurer d'être à jour dans vos vaccinations ou d'emporter une trousse de premiers secours bien garnie, prendre des mesures proactives peut faire toute la différence pour garantir un voyage fluide et agréable. Et lorsqu'il s'agit d'étiquette culturelle, une attitude respectueuse est très utile. Embrassez les coutumes et les traditions de l'Algérie à cœur ouvert et vous serez accueilli à bras ouverts par les gens chaleureux et hospitaliers qui habitent cette terre. Alors, lorsque vous partez à l'aventure, n'oubliez pas de garder la sécurité et l'aspect pratique au premier plan de votre esprit, et laissez la magie de l'Algérie se dérouler devant vous comme une tapisserie tissée de fils d'émerveillement et de plaisir.

Précautions de santé et de sécurité

La danse de la prudence et de la curiosité, une valse délicate à travers les sables du temps. En Algérie, où les murmures anciens de l'histoire se mêlent au pouls vibrant de la modernité, naviguer sur le terrain de la santé et de la sécurité s'apparente à se lancer dans une grande aventure. Alors que vous vous préparez à embarquer pour votre escapade en Afrique du Nord, laissez-moi être votre guide de confiance à travers le labyrinthe de précautions sanitaires et de mesures de sécurité qui garantiront que votre voyage reste une histoire qui mérite d'être racontée.

Imaginez ceci : le soleil est haut dans le ciel sans nuages, projetant ses rayons dorés sur le paysage accidenté du désert du Sahara. L'air est chargé d'impatience lorsque vous posez le pied sur le sable ensoleillé, voyageur solitaire en quête d'aventure. Mais avant de vous abandonner aux caprices du destin, une voix de la raison vous murmure à l'oreille, vous invitant à vous armer de connaissances et de prévoyance. Ainsi commence la délicate danse de la préparation, une symphonie de prudence et de curiosité qui vous guidera à travers les méandres de votre odyssée algérienne.

Avant tout, répondez à l'appel de la sagesse et rendez visite à votre sympathique prestataire de soins de santé de quartier. Tel un sage oracle de la médecine moderne, ils vous offriront un trésor de vaccins et de sages conseils, fortifiant votre corps contre les adversaires invisibles qui se cachent dans l'ombre. De l'hépatite A à la fièvre typhoïde, chaque coup d'aiguille sert de bouclier contre les dangers de maladie et de blessure, témoignage du pouvoir de la prévoyance face à l'incertitude.

Mais la danse de la prudence ne s'arrête pas là, cher voyageur, car le chemin à parcourir est semé de défis à la fois visibles et invisibles. Alors que vous faites vos valises et dites adieu au confort de la maison, pensez à vous armer d'une solide trousse de secours, véritable arsenal contre les frondes et les flèches du malheur. Les bandages et les lingettes antiseptiques sont prêts à panser les blessures du combat, tandis qu'une bonne dose de bon sens vous sert de fidèle compagnon en cas de besoin.

Et n'oublions pas la règle d'or de l'hydratation, phare de sagesse qui brille de mille feux dans la chaleur torride du Sahara. Dans ce paysage aride où le soleil règne en maître, l'eau n'est pas seulement un luxe, mais une bouée de sauvetage, une ressource précieuse à chérir et à vénérer. Alors buvez profondément, cher voyageur, et laissez la fraîcheur de la nourriture liquide étancher votre soif pendant votre voyage à travers les sables du désert.

Mais détendez-vous, voyageur intrépide, car l'Algérie n'est pas dépourvue de sa propre magie curative, une tapisserie tissée de fils de tradition et de respect. Des eaux apaisantes du Hammam Essalihine aux pouvoirs rajeunissants d'une tasse fumante de thé à la menthe traditionnel, les remèdes de cette terre ancienne sont aussi illimités que le désert lui-même, offrant du réconfort aux voyageurs fatigués qui ont besoin de répit.

Étiquette culturelle et comportement respectueux

Dans la vaste étendue de l'Algérie, où le soleil embrase les sables dorés du Sahara et où les anciens rythmes de la tradition résonnent dans les marchés animés d'Alger, l'étiquette culturelle n'est pas seulement un ensemble de règles ; c'est une symphonie de respect et de compréhension qui unit la tapisserie de la société algérienne. Alors que vous embarquez pour votre voyage à travers ce pays de contrastes et de complexités, préparez-vous à vous immerger dans la danse délicate de la diplomatie culturelle, où un geste déplacé peut être plus éloquent que la plus grande des déclarations.

Imaginez-vous en train de naviguer dans les rues labyrinthiques d'Alger, où le chaos vibrant des marchés vous invite avec des promesses de trésors cachés et d'aventures inédites. Ici, au milieu de l'agitation, vous rencontrerez les premiers fils délicats de l'étiquette algérienne – l'art de saluer par un baiser sur la joue. Appelé « la bise », ce rituel d'affection est bien plus qu'un simple bonjour ; c'est un geste de chaleur et d'hospitalité qui transcende les barrières linguistiques et vous accueille dans le giron de la société algérienne. Alors penchez-vous, le cœur ouvert et le sourire aux lèvres, et laissez le rythme de cette tradition séculaire guider vos pas.

Mais le voyage ne s'arrête pas là, cher voyageur, car l'Algérie est une terre de contrastes, où la quiétude des dunes infinies du Sahara se reflète dans l'énergie trépidante de ses centres urbains. En vous aventurant au-delà des limites de la ville et au cœur du désert, préparez-vous à rencontrer un tout nouvel ensemble de coutumes et de traditions qui remettront en question et enrichiront votre compréhension de la culture algérienne. Ici, au milieu des sables mouvants et des horizons infinis, vous découvrirez le rituel sacré du partage d'un repas avec de nouveaux amis – pierre angulaire de l'hospitalité algérienne qui incarne l'esprit de générosité et de camaraderie qui définit cette terre.

Mais rassurez-vous, car naviguer dans le labyrinthe de l'étiquette culturelle ne doit pas nécessairement être une tâche ardue. Armé d'un cœur ouvert et d'un esprit de curiosité, vous serez accueilli à bras ouverts par les gens chaleureux et hospitaliers qui habitent cette terre. N'oubliez pas de vous habiller modestement par respect pour les coutumes locales et de toujours demander l'autorisation avant de photographier des sites ou des individus sacrés. Et n'oublions pas le pouvoir du langage : un simple « salam alaykum » ou un « merci » peut ouvrir les portes et les cœurs d'une manière que vous n'auriez jamais cru possible.

Contacts et ressources d'urgence

Dans la grande tapisserie du voyage, tissée de fils d'excitation et de découverte, se cache un aspect crucial mais souvent négligé : la préparation aux situations d'urgence. Alors que vous vous lancez dans votre odyssée à travers l'Algérie, terre de merveilles anciennes et de merveilles modernes, il est essentiel de vous armer des connaissances et des ressources nécessaires pour relever les défis imprévus qui pourraient survenir en cours de route. Imaginez-vous debout au seuil de l'aventure, les sables du désert s'étendant devant vous comme une toile peinte de tons d'or et d'ocre. Dans cette vaste étendue, où les vents murmurent des histoires d'époques révolues et où les étoiles scintillent de secrets inédits, la sécurité devient non seulement une nécessité, mais une étreinte réconfortante en période d'incertitude.

Avant de poser le pied sur le sol algérien, prenez un moment pour faire une pause et vous familiariser avec les contacts d'urgence et les ressources qui vous serviront de bouée de sauvetage en cas de besoin. Imaginez-les comme des phares de lumière brillant au milieu de l'obscurité, vous guidant à travers le labyrinthe de l'inconnu avec une détermination inébranlable. Commencez votre voyage en vous familiarisant avec les services d'urgence locaux, un réseau de premiers intervenants prêts à passer à l'action à tout moment. Que vous ayez besoin d'une assistance médicale, d'une intervention des forces de l'ordre ou d'un sauvetage rapide des griffes du malheur, ces professionnels dévoués sont prêts à répondre à votre appel avec compétence et compassion.

Mais le filet de sécurité ne s'arrête pas là : au cœur de chaque ambassade se trouve un sanctuaire pour les voyageurs en détresse. Prenez le temps de localiser l'ambassade ou le consulat de votre pays d'origine à votre arrivée en Algérie et soyez assuré qu'une équipe d'experts diplomatiques est prête à vous offrir assistance et soutien en temps de crise. De la perte de passeport aux problèmes juridiques, leurs conseils et leur expertise serviront de lueur d'espoir même dans les heures les plus sombres. Et si le besoin s'en fait sentir, n'hésitez jamais à demander de l'aide aux autres voyageurs ou aux locaux – car dans les liens de camaraderie, nous trouvons une force au-delà de toute mesure.

À l'ère du numérique, la puissance de la technologie constitue un allié inébranlable dans le domaine de la préparation aux situations d'urgence. Équipez-vous d'un smartphone fiable, chargé d'applications et de contacts essentiels qui vous serviront de bouée de sauvetage en cas de besoin. Conservez les numéros importants, tels que les services d'urgence et les lignes d'assistance téléphonique des ambassades, dans votre liste de contacts, en vous assurant que l'aide n'est jamais à portée de main. Pensez à télécharger des cartes hors ligne et des applications de traduction pour naviguer facilement sur des terrains inconnus, et investissez dans une banque d'alimentation portable pour garantir que votre appareil reste chargé et prêt à l'action, peu importe où vos voyages vous mènent.

Mais la ressource la plus importante de toutes réside peut-être au plus profond de votre propre courage et de votre résilience. Alors que vous vous lancez dans votre grande aventure à travers l'Algérie, n'oubliez pas que vous n'êtes jamais vraiment seul dans votre voyage. Que vous vous retrouviez perdu dans les rues labyrinthiques de la Casbah ou que vous affrontiez la formidable puissance d'une tempête de sable saharienne, sachez que l'aide n'est jamais loin. Puisez votre force en sachant que d'innombrables voyageurs ont parcouru ce chemin avant vous, chacun laissant derrière lui une trace de sagesse et d'expérience pour guider ceux qui suivent leurs traces. Et face à l'adversité, laissez l'esprit d'aventure vous guider, illuminant le chemin à parcourir avec un sentiment d'émerveillement et de possibilité.

PRIME

A. Itinéraire de 21 jours bien planifié pour les voyageurs se rendant en Algérie

Voici un itinéraire bien planifié pour les voyageurs visitant l'Algérie :

Jour 1-3 : Alger

- Explorez le quartier historique de la Casbah, site classé au patrimoine mondial de l'UNESCO.
- Visitez le Musée National des Beaux-Arts et le Musée du Bardo.
- Promenez-vous le long de la promenade du front de mer (La Promenade des Sablettes) et dégustez la cuisine algérienne dans les cafés locaux.

Jour 4-6 : Oran

- Découvrez la Médina historique d'Oran et visitez la Grande Mosquée.
- Explorez le Palais de la Culture et le Musée National Ahmed Zabana.
- Détendez-vous sur les plages d'Oran et dégustez quelques spécialités de fruits de mer locales.

Jour 7-9 : Tlemcen

- Visitez la Grande Mosquée de Tlemcen et explorez les charmantes rues de la vieille ville.
- Explorez les ruines de Mansourah, une ancienne ville proche de Tlemcen.
- Découvrez les magnifiques jardins et cascades des cascades d'El-Ourit.

Jour 10-12 : Constantin

- Explorez les paysages spectaculaires de Constantine, connue sous le nom de « Ville des ponts ».
- Visitez le palais Ahmed Bey et le musée Cirta.
- Faites un tour en téléphérique à travers les gorges du Rhumel pour une vue imprenable sur la ville.

Jours 13-15 : Prophétie

- Explorez les ruines antiques d'Hippo Regius, qui abritait autrefois Saint Augustin.
- Relax on the beaches of Annaba, such as Les Aiguilles de Tupapati.
- Visitez la basilique Saint-Augustin et les ruines du théâtre antique.

Jour 16-18 : Tamanrasset (Désert du Sahara)

- Embarquez pour une aventure dans le désert jusqu'à Tamanrasset, la porte d'entrée du désert du Sahara.
- Explorez les montagnes du Hoggar et visitez les anciens sites d'art rupestre du Tassili n'Ajjer.
- Découvrez un camp bédouin traditionnel dans le désert et assistez à des couchers de soleil à couper le souffle sur les dunes.

Jour 19-21 : Ghardaïa

- Explorez la vallée du M'Zab, classée au patrimoine mondial de l'UNESCO, et la ville fortifiée de Ghardaia.
- Visitez les marchés locaux et les mosquées de la vieille ville.
- Faites une visite guidée des villages environnants, connus pour leur architecture unique et leur mode de vie traditionnel.

Cet itinéraire offre un mélange diversifié d'expériences culturelles, de sites historiques et de beauté naturelle, permettant aux voyageurs de s'immerger dans la riche tapisserie du patrimoine et des paysages algériens.

B. 10 raisons pour lesquelles vous devriez visiter l'Algérie en tant que touriste

Il existe de nombreuses raisons étonnantes pour lesquelles vous devriez visiter l'Algérie, mais voici 10 raisons que je souligne particulièrement pour lesquelles vous devriez envisager de visiter l'Algérie en tant que touriste :

1. Riche histoire et culture : L'Algérie possède un mélange fascinant d'influences coloniales berbères, arabes et françaises, reflétées dans son architecture, sa cuisine et ses traditions.

2. Merveilles archéologiques : explorez les ruines romaines antiques comme Timgad et Djémila, sites du patrimoine mondial de l'UNESCO, mettant en valeur le riche patrimoine archéologique de l'Algérie.

3. Paysages spectaculaires : Des vastes dunes du désert du Sahara à la beauté sauvage des montagnes de l'Atlas, l'Algérie offre des paysages naturels à couper le souffle, parfaits pour les voyageurs aventureux.

4. Hospitalité : Découvrez l'hospitalité algérienne, avec des habitants connus pour leur chaleur et leur générosité envers les visiteurs.

5. Cuisine délicieuse : Savourez la cuisine algérienne, une délicieuse fusion de saveurs méditerranéennes avec des influences berbères, arabes et françaises, avec des plats comme le couscous, les tajines et les pâtisseries salées.

6. Activités diverses : Qu'il s'agisse de randonnées dans les parcs nationaux, de randonnées à dos de chameau dans le désert ou de plongée le long de la côte méditerranéenne, l'Algérie offre un large éventail d'activités aux amateurs de plein air.

7. Sites du patrimoine mondial de l'UNESCO : Explorez des sites classés par l'UNESCO comme la Casbah d'Alger, le parc national du Tassili n'Ajjer et la vallée du M'Zab, mettant en valeur le patrimoine culturel et naturel de l'Algérie.

8. Villes dynamiques : Découvrez les villes dynamiques d'Alger, d'Oran et de Constantine, chacune avec son propre charme unique, ses marchés animés et sa vie urbaine animée.

9. Hospitalité : Découvrez l'hospitalité algérienne, avec des habitants connus pour leur chaleur et leur générosité envers les visiteurs.

10. Aventures hors des sentiers battus : Avec moins de touristes que d'autres destinations d'Afrique du Nord, l'Algérie offre la possibilité de vivre des expériences culturelles authentiques et des aventures hors des sentiers battus.

Que vous soyez intéressé par l'histoire, les aventures en plein air ou simplement par la richesse de la culture algérienne, l'Algérie a quelque chose à offrir à chaque voyageur.

C. 10 endroits que vous ne devriez pas visiter seul, surtout la nuit en Algérie

J'ai soigneusement étudié, recherché et, grâce à mon expérience en Algérie, j'ai présenté dans ce livre 10 endroits en Algérie que vous devriez éviter de visiter seul, surtout la nuit, pour des raisons de sécurité :

1. Casbah d'Alger : Bien que la Casbah soit une zone historique et culturellement riche, il est conseillé de l'explorer pendant la journée et de préférence avec un guide, car les rues étroites peuvent prêter à confusion et la sécurité peut être un problème, surtout la nuit tombée.

2. Certains quartiers d'Alger : Certains quartiers d'Alger, en particulier ceux connus pour leurs taux de criminalité plus élevés ou leurs troubles civils, doivent être évités la nuit, surtout si vous n'êtes pas familier avec le quartier.

3. Zones isolées du désert du Sahara : Bien que le désert du Sahara soit une destination époustouflante, certaines zones isolées peuvent être dangereuses à visiter seul, surtout la nuit, en raison du manque d'infrastructures et des risques potentiels pour la sécurité.

4. Villages de montagne éloignés : Bien que de nombreux villages de montagne en Algérie soient sûrs à

visiter, certaines zones isolées peuvent présenter des risques pour la sécurité, surtout si vous voyagez seul et après la tombée de la nuit. Il est préférable de visiter ces zones avec un guide local ou en groupe.

5. Régions frontalières : évitez de voyager seul dans les régions frontalières, en particulier celles situées à proximité de pays voisins instables, car ces zones peuvent présenter des risques en matière de sécurité et une présence militaire.

6. Certaines plages la nuit : Bien que le littoral algérien soit magnifique, certaines plages peuvent être isolées et dangereuses à visiter seul la nuit, notamment en raison du risque de vol ou d'agression.

7. Parcs et jardins publics : Même si les parcs et jardins publics peuvent être agréables pendant la journée, ils peuvent devenir moins sûrs la nuit tombée, en particulier dans les zones urbaines où les taux de criminalité peuvent être plus élevés.

8. Ruelles et rues désertes : évitez de marcher seul dans les ruelles ou les rues désertes, surtout la nuit, car ces zones peuvent présenter des risques pour la sécurité, tels que des vols ou des agressions.

9. Gares ferroviaires et gares routières la nuit : Les gares ferroviaires et les gares routières peuvent être occupées pendant la journée mais peuvent devenir moins sûres la nuit, en particulier pour les voyageurs solitaires, en raison de la présence de voleurs opportunistes ou d'autres problèmes de sécurité.

10. Certains marchés et souks : Bien que l'exploration des marchés et des souks puisse être un moment fort de votre voyage, certaines zones peuvent devenir moins sûres la nuit en raison de la foule et des risques de vols à la tire ou d'autres crimes.

Donnez toujours la priorité à votre sécurité lorsque vous voyagez en Algérie et soyez conscient de votre environnement, surtout lorsque vous vous aventurez seul, surtout la nuit. C'est également une bonne idée de consulter les habitants ou votre hébergeur pour obtenir des conseils sur les zones sûres à visiter.

D. 10 faits étonnants sur l'Algérie que vous devriez connaître en tant que touriste

Voici 10 faits étonnants sur l'Algérie que vous devriez connaître en tant que touriste :

1. Le plus grand pays d'Afrique : L'Algérie est le plus grand pays d'Afrique en termes de superficie, couvrant plus de 2,38 millions de kilomètres carrés.

2. Riche patrimoine culturel : L'Algérie possède un patrimoine culturel diversifié, influencé par les traditions coloniales berbères, arabes et françaises, reflété dans son architecture, sa langue et sa cuisine.

3. Sites du patrimoine mondial de l'UNESCO : L'Algérie abrite plusieurs sites du patrimoine mondial de l'UNESCO, notamment la Casbah d'Alger, le parc national du Tassili n'Ajjer et la vallée du M'Zab, mettant en valeur son riche patrimoine culturel et naturel.

4. Désert du Sahara : Le désert du Sahara couvre une grande partie du sud de l'Algérie, offrant de superbes paysages de dunes de sable, de plateaux rocheux et d'anciennes oasis, parfaits pour les voyageurs aventureux.

103

5. Ruines antiques : L'Algérie possède de nombreuses ruines antiques remontant aux civilisations romaine, byzantine et islamique, notamment Timgad, Djémila et Tipasa, mettant en valeur son riche patrimoine archéologique.

6. Révolution algérienne : L'Algérie a obtenu son indépendance du régime colonial français en 1962 après une lutte longue et sanglante connue sous le nom de guerre d'indépendance algérienne.

7. Montagnes et vallées : L'Algérie abrite les montagnes escarpées de l'Atlas, offrant des paysages à couper le souffle, des possibilités de randonnée et des villages berbères pittoresques nichés dans les vallées.

8. Faune diversifiée : L'Algérie abrite une faune diversifiée, notamment des macaques de Barbarie, des renards du désert et le lion de Barbarie, une espèce en voie de disparition, ainsi que de nombreuses espèces d'oiseaux dans ses zones humides et côtières.

9. Hospitalité : Les Algériens sont connus pour leur hospitalité et leur générosité envers les invités, accueillant souvent les voyageurs à bras ouverts et offrant du thé ou du café traditionnel en signe d'hospitalité.

10. Festivals culturels : L'Algérie accueille divers festivals culturels tout au long de l'année, célébrant la musique, la danse et les traditions locales, tels que le festival de dattes de Ghardaïa et le festival international de jazz de Timgad, offrant aux visiteurs un aperçu unique de la culture algérienne.

Ces faits fascinants font de l'Algérie une destination incontournable pour les voyageurs en quête d'aventure, d'histoire et d'immersion culturelle.

E. Phrases de base de l'Algérie que vous devriez apprendre

Apprendre quelques phrases de base en arabe algérien (également connu sous le nom de Darja) peut améliorer votre expérience de voyage en Algérie. Voici quelques phrases essentielles :

1. Bonjour - « Salam alaykum » (La paix soit sur vous) - Salutation, signifie « La paix soit sur vous ».

2. Au revoir - « Ma'a salama » (Au revoir) - Adieu, signifie « Avec la paix ».

3. S'il vous plaît - "Min fadlak" (من فضلك) - Utilisé pour demander quelque chose poliment.

4. Merci - "Shukran" - Exprime sa gratitude.

5. Oui - "Oui" (نعم) - Réponse affirmative.

6. Non - "La" (لا) - Réponse négative.

7. Excusez-moi - "Smahli" (سمحلي) - Utilisé pour attirer l'attention de quelqu'un ou pour s'excuser.

8. Comment vas-tu ? - "Labas ?" (لباس) - Salutation informelle, signifie "Comment vas-tu?"

9. Je vais bien, merci - "Labas, shukran" (لباس, شكرا) - Réponse à "Comment vas-tu ?"

10. Parlez-vous anglais ? - "Tatakalam en anglais ?" (Parle anglais) - Demander si quelqu'un parle anglais.

11. Je ne comprends pas - "Ana ma fahmetch" (je n'ai pas compris) - Exprimant un manque de compréhension.

12. Où est...? - "Fen...?" (فين) - Demander son chemin vers un endroit.

13. Combien cela coûte-t-il ? - "Bish, hein ?" (بش هوا) - Demander le prix de quelque chose.

14. Je voudrais... - "Bghit..." (بغيت) - Indiquer ce que vous aimeriez avoir ou faire.

15. Au secours ! - "Sahha !" (صحا) - Appel à l'aide en cas d'urgence.

Apprendre ces phrases de base vous aidera à naviguer dans les interactions quotidiennes et à communiquer plus efficacement lors de votre voyage en Algérie.

F. Suggestions pour les voyageurs allant en Algérie avec un budget bon marché

HVoici une répartition approximative du budget des voyageurs se rendant en Algérie, avec les coûts indiqués en dollars américains :

1. Hébergement :

- Budget : 20 à 40 $ par nuit pour une auberge ou un hôtel économique.
- Milieu de gamme : 50-100 $ la nuit pour un hôtel standard.
- Luxe : 100 $+ par nuit pour les hôtels ou centres de villégiature haut de gamme.

2. Nourriture :

- Cuisine de rue et restaurants locaux : 5 à 10 $ par repas.
- Restaurants milieu de gamme : 10-20 $ par repas.
- Restaurants gastronomiques ou haut de gamme : 30$+ par repas.

3. Transport :

- Bus locaux ou taxis partagés : 1 à 5 $ pour de courts trajets dans les villes.
- Autobus interurbains : 5 à 20 $ selon la distance.
- Taxis privés : 10-50$ selon la distance et les capacités de négociation.
- Vols intérieurs : 50 à 200 $ pour un aller simple entre les grandes villes.

4. Activités et visites :

- Frais d'entrée aux musées et attractions : 1 à 10 $ par personne.
- Visites guidées : 20-100$ selon la durée et la complexité de la visite.
- Excursions dans le désert ou balades à dos de chameau : 50-200$ selon la durée et le niveau de confort.

5. Divers :

- Carte SIM pour les données mobiles locales et les appels : 5 à 20 $ selon le forfait.
- Souvenirs et shopping : 10-50$ selon vos préférences.
- Pourboires : Bien que non obligatoires, un pourboire d'environ 10 % est apprécié dans les restaurants et pour les services.

6. Budget total :

- Voyageurs à petit budget : 30 à 50 $ par jour.

- Voyageurs milieu de gamme : 50-100 $ par jour.
- Voyageurs de luxe : 100 $+ par jour.

Gardez à l'esprit qu'il s'agit d'estimations approximatives et que les coûts réels peuvent varier en fonction de votre style de voyage, de vos préférences et du taux de change actuel. C'est également une bonne idée d'avoir un peu d'argent supplémentaire pour les urgences ou les dépenses imprévues.

G. Une collecte de nourriture pour les voyageurs se rendant en Algérie pendant 21 jours (petit-déjeuner, déjeuner et dîner)

Voici une collection de plats algériens pour les voyageurs se rendant en Algérie pendant 21 jours, comprenant une variété d'options pour le petit-déjeuner, le déjeuner et le dîner :

A. Petit-déjeuner:

1. Chakchouka : Un plat savoureux à base d'œufs, de tomates, de poivrons et d'épices, souvent servi avec du pain croustillant.
2. Msemen : pain plat marocain servi avec du miel, de la confiture ou du fromage.
3. Baghrir : Crêpes marocaines à la texture spongieuse, généralement servies avec du beurre et du miel.
4. Brik : Une pâtisserie salée remplie d'œuf, de thon, de persil et parfois de câpres, frite jusqu'à ce qu'elle soit croustillante.
5. Khobz eddar : Pain traditionnel algérien, souvent servi avec de l'huile d'olive, du miel ou de la confiture.

B. Déjeuner:

1. Couscous : Un plat algérien de base à base de grains de semoule cuits à la vapeur, servis avec des légumes, de la viande (comme de l'agneau ou du poulet) et une sauce savoureuse.
2. Tajine : Un ragoût mijoté à base de viande, de légumes et d'épices aromatiques, servi avec du couscous ou du pain.
3. Merguez : Saucisses épicées d'Afrique du Nord à base d'agneau ou de bœuf, souvent grillées et servies avec du pain ou du couscous.
4. Mechoui : Agneau ou chèvre rôti lentement, assaisonné d'herbes et d'épices, servi avec du pain et de la harissa (pâte de piment épicée).
5. Salade Mechouia : Une salade de légumes grillés à base de tomates, poivrons et oignons, assaisonnée d'huile d'olive et de vinaigre.

C. Dîner:

1. Chorba : Une soupe copieuse à base de viande, de légumes et de légumineuses, aromatisée aux herbes et aux épices.
2. Briouat : Pâtisseries marocaines croustillantes fourrées à la viande épicée, aux fruits de mer ou au fromage, souvent servies en apéritif.

3. Zaalouk : Une savoureuse salade d'aubergines et de tomates, assaisonnée d'ail, d'huile d'olive et d'épices, servie en accompagnement ou en apéritif.

4. Bourek : Pâtisseries frites ou cuites au four remplies de viande, de fromage ou de légumes, populaires comme collation ou apéritif.
5. Loubia : Ragoût de haricots blancs cuit avec des tomates, des oignons et des épices, souvent servi avec du pain ou du riz.

Ces plats ne représentent qu'un petit échantillon de la cuisine diversifiée et délicieuse que vous pourrez déguster lors d'un voyage en Algérie. N'oubliez pas d'explorer les marchés et les restaurants locaux pour découvrir encore plus de délices culinaires au cours de votre voyage de 21 jours.

H. Choses intéressantes que vous devriez faire de votre temps précieux en Algérie

Le temps c'est la vie et il est précieux, si vous voulez bien utiliser votre temps en Algérie, voici quelques activités intéressantes que vous devriez envisager de faire avec votre temps précieux :

1. Explorez la Casbah d'Alger : Promenez-vous dans les rues étroites de la Casbah historique d'Alger, un site classé au patrimoine mondial de l'UNESCO, pour vous imprégner de sa riche histoire, de son architecture et de son atmosphère vibrante.

2. Visitez les ruines antiques : découvrez le riche patrimoine archéologique de l'Algérie en explorant les ruines romaines antiques telles que Timgad, Djémila et Tipasa, ainsi que les sites d'art rupestre préhistorique du parc national du Tassili n'Ajjer.

3. Trek dans le désert du Sahara : Embarquez pour une aventure dans le désert pour découvrir les paysages impressionnants du désert du Sahara, notamment des randonnées à dos de chameau, des dunes et du camping à la belle étoile.

4. Randonnée dans les montagnes de l'Atlas : Enfilez vos chaussures de randonnée et explorez les magnifiques montagnes de l'Atlas, qui abritent des villages pittoresques, des vallées luxuriantes et des vues panoramiques.

5. Détendez-vous sur les plages méditerranéennes : Détendez-vous sur les plages immaculées de la côte méditerranéenne algérienne, telles que Sidi Fredj et Tipaza, où vous pourrez nager, bronzer et pratiquer des sports nautiques.

6. Dégustez la cuisine algérienne : Savourez les délicieuses saveurs de la cuisine algérienne, du copieux couscous et tajines aux pâtisseries salées et aux fruits de mer frais, dans les restaurants, cafés et vendeurs ambulants locaux.

7. Découvrez des villes dynamiques : Explorez les villes dynamiques d'Algérie, notamment Alger, Oran et Constantine, chacune avec son propre mélange unique d'histoire, de culture et de modernité.

8. Assistez à des festivals culturels : Plongez dans la culture algérienne en assistant à des festivals et à des événements tels que le Festival de date de Ghardaia, le Festival international de jazz de Timgad et les célébrations de la Fête nationale algérienne.

9. En savoir plus sur la culture berbère : obtenez un aperçu de la culture berbère indigène d'Algérie en visitant des villages berbères, en assistant à des cérémonies traditionnelles et en découvrant leur langue, leur art et leurs coutumes.

10. Engagez-vous avec les habitants : Connectez-vous avec le peuple algérien amical et hospitalier en participant à des échanges culturels, en faisant du bénévolat ou simplement en engageant des conversations dans les cafés et les marchés.

Ces activités offrent des expériences uniques et enrichissantes qui rendront votre séjour en Algérie vraiment mémorable et enrichissant.

I. PLANIFICATEUR DE VOYAGE

DESTINATION:

DATE:

MO N	MA R	ÉPOU SER	JEU	VE N	ASSI S	SOL EIL

SITES À VOIR:

....

....

....

....

DES ENDROITS POUR MANGER:

....

....

....

....

....

....

EXCURSIONS:

....

....

....

....

LES DÉTAILS DU VOL:

Printed in France by Amazon
Brétigny-sur-Orge, FR

20282378R00070